#플라스틱제로
플라스틱
없는 삶

#플라스틱제로

플라스틱 없는 삶

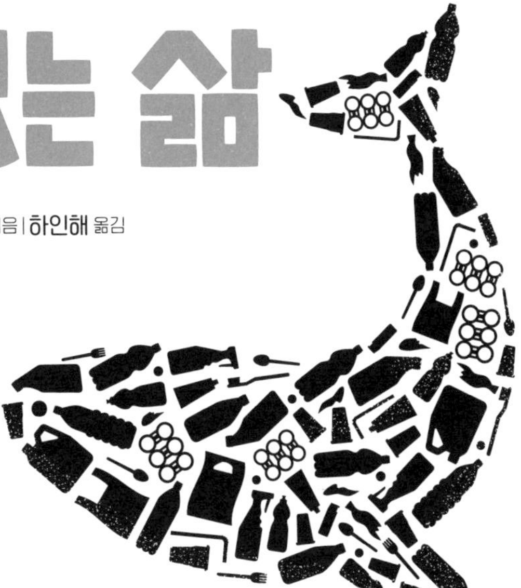

윌 맥컬럼 지음 | 하인해 옮김

일러두기

《플라스틱 없는 삶》의 부제목인 '#플라스틱제로'는 소셜 미디어에서 공유되고 있는 해시태그 중 하나입니다. 플라스틱 공해로 몸살을 앓고 있는 현장의 모습을 사진이나 글로 인스타그램, 트위터, 페이스북, 블로그와 같은 소셜 미디어에 올려 해시태그를 달아보세요. 많은 사람이 당신의 행동을 뒤따를 것입니다!

매일 플라스틱 물결과 싸우는

용감한 사람들에게 이 책을 바칩니다.

차례

서문

불편하지만 플라스틱을 포기해야 하는 이유

바다와 육지를 오염시키는 플라스틱 공해는 최근에 일어난 환경 문제 중 대중의 인식이 가장 폭발적으로 증가한 문제다. 동물학자이자 영화감독인 데이비드 애튼버러David Attenborough가 제작한 다큐멘터리 〈블루 플래닛 IIBlue Planet II〉에서 어미 앨버트로스가 작은 플라스틱 조각을 먹이로 착각해 새끼에게 먹이는 장면은 전 세계 수천만 명을 경악하게 했다.

누구나 한 번쯤은 아름다운 자연을 산책하다가 플라스틱 조각이나 더미를 발견하고 눈살을 찌푸린 적이 있을 것이다. 이런 현실에도 플라스틱 공해가 환경에 어떤 영향을 끼치는지, 상황을 악화시키지 않으려면 어떤 해결책이 필요한지에 관한 과학계 지식은 여전히 걸음마 단계다. 하지만 문제의 심각성에 대한 이해도가 점점 높아지면서 많은 사람이 행동에 나서고 있다.

지난 몇 년 동안 플라스틱 반대 운동을 펼치면서 가장 많이 받은 질문은 '제가 할 수 있는 일이 무엇인가요?'다. 이 책은 플라스틱 없는 삶을 살기 위해 필요한 정보를 다루고 있다. 그러나 책 한 권으로 모든 플라스틱 제품의 대안을 언급하기란 불가능하다. 또한 현재 이루어지는 연구와 혁신의 속도를 생각하면 책이 나온 후 얼마 지나지 않아 수많은 대안이 나올 것이다. 이러한 점을 감안하여 이 책에서 다루지 않은 대안은 독자 스스로 찾을 수 있도록 다양한 정보 출처도 소개했다. 그뿐만 아니라 친구, 가족, 동료, 지역 상공인, 정치인 등을 설득하는 데 필요한 정보와 캠페인 방법도 상세하게 설명했다. 플라스틱 공해를 구시대 유물로 만들기 위해서는 이들을 우리의 여정에 동참시켜야 한다.

이 책에서 이야기하는 플라스틱은 대부분 일회용 플라스틱을 가르킨다. 비닐봉지, 빨대, 일회용 컵, 플라스틱 포장 같은 일회용 플라스틱 제품은 분해되기까지 수 세기가 걸린다. 전 세계 바다에 나날이 심각한 문제를 일으키면서 말이다. 하지만 일회용에 초점을 맞춘 이유가 그 때문만은 아니다. 일회용 플라스틱은 개인이 가정과 지역사회에서 가장 큰 영향력을 발휘할 수 있는 품목이며, 플라스틱 문제의 전형을 보여준다.

플라스틱 자체가 나쁜 건 아니다. 저렴하고, 다루기 쉬우며, 의료 목적으로 쓰일 경우 생명을 살리기도 한다. 문제는 우리 사회와 바다를 괴롭히는 '버리는 문화'다. 일회용 플라스틱과의 싸움은 '버리는 문화'에서 벗어나는 촉매제가 되어 해양 플라스틱 위기를 극복할 일말의 희망을 제공할 것이다.

마지막으로 누군가에게는 플라스틱이 생존에 꼭 필요하다는 사실을 말하고 싶다. 몸이 불편한 환자는 빨대를 사용해야 하고, 상수도 시설이 낙후된 지역의 주민은 수돗물을 마실 수 없어 페트병에 들어 있는 생수를 마셔야 한다. 일회용 플라스틱이 정당한 이유로 사용될 때도 있는 것이다. 이러한 예외적인 상황은 플라스틱을 없애려는 우리의 노력이 개인의 여건은 고려하지 않은 채 비난에만 급급해서는 안 된다는 사실을 상기시킨다.

하지만 장애인 인권 단체 '원 인 파이브One in Five'의 설립자 제이미 심코비악Jamie Szymkowiak이 말했듯이, 기업과 정부는 여건을 핑계 삼아 대안을 찾기 위한 행동과 혁신을 결코 미루어서는 안 된다. 오늘날 플라스틱은 어디에서나 넘쳐난다. 이 절망적인 현실에서 우리의 노력이 조금이라도 성공하려면 플라스틱을 포기하는 여정에 모두가 참여해야 한다. 여건이 아무리 어려울지라도 말이다.

지금 당장 시작해야 하는 일

"빨리 좀 와볼래? 이것 좀 봐봐."

그랜트 오크스Grant Oaks가 나를 부른다. 나는 지금 그린피스의 탐사 쇄빙선 악틱 선라이즈Arctic Sunrise 호의 작은 식당에 앉아 있다. 생물보안 감독관Biosecurity Officer인 오크스는 화물창에 있는 임시 실험실로 날 데려가 현미경을 보여준다. 그가 렌즈 밑에 있는 배양 접시를 돌리자 낯선 물체가 눈에 들어온다. 딱딱하고 가장자리가 우둘투둘한 진분홍색 물체는 한눈에 봐도 자연에서 유래한 것이 아니다. 어쩌면 우리가 항해 중인 천연의 남극해에서 처음으로 플라스틱 조각을 발견한 것인지도 모른다. 우리를 뒤따라 실험실로 온 동료 몇 명이 돌아가며 문제의 물체를 살펴본다. 다음 달 그린피스 연구소가 있는 엑서터대학교Exeter University에 돌아가 분석해봐야 확실히 알겠지만 겉으로 보기에는 플라스틱이 아닐 거라고 생각하기 어렵다(몇 주 후 나온 분석 결과에 따르면, 인간의 서식지와 수백 킬로미터 떨어진 이곳 바다에서 우리가 발견한 것은 역시나 두 개의 플라스틱 조각이었다).

우리가 보인 반응은 사실 놀라움과는 거리가 멀다. 오히려 더 빨리 발견할 줄 알았다. 그린피스는 1990년대 중반부터 탐사 선박에 저인망을 설치해 바다 내 플라스틱을 조사했는데, 지난 몇 년 간 전 세계 바다에서 플라스틱 검출양이 증가하고 있다.

날씨와 빙하 상태가 허락하는 한 세 척의 그린피스 선박은 바다에 저인망을 끌고 다니며 해양 플라스틱 분포를 조사한다. 이때 사용하는 만타 트롤manta trawl이라는 저인망은 입구가 약 1미터이고 그물 구멍이 매우 촘촘하다. 과학자들은 꽁꽁 언 북극 툰드라부터 세상에서 가장 깊은 해구에 이르기까지 거의 모든 탐사 지역에서 플라스틱을 발견했다. 지구 가장 아래에 있는, 사람이 살지 않는 남극일지라도 플라스틱이 없다고 장담할 수 없다.

우리가 남극해를 항해한 지 두 달이 다 되어간다. 우리는 대중의 의식을 높여 이 광활한 야생을 보호하기 위해, 과학자, 저널리스트, 유명인사 등과 함께 일하고 있다. 이곳에서 난 이전에는 결코 보지 못한 광경을 마주한다. 거의 항상 안개가 짙게 드리워져 있지만 가끔 구름이 걷히면 장대하게 솟은 빙산 봉우리와 바다를 향해 깎아지른 어마어마한 빙하가 드러난다. 배

안에서 우리가 나누는 대화의 대부분은 언제 어디서나 볼 수 있는 무수한 야생생물에 관한 것이다. 끝없이 펼쳐지는 바다를 한동안 바라보고 있으면 헤엄치는 혹등고래의 지느러미가 지나간다. 우리를 둘러싼 울퉁불퉁한 빙산 사이에서는 한 무리의 펭귄이 해수면 위로 뛰어오른다. 인간에게 관심이 전혀 없는 야생생물로 가득한 이곳 빙하 지역조차 지구 반대편에서 버린 플라스틱으로 오염되기 시작했다는 사실을 떠올리면 몸서리가 쳐진다.

남극까지 오지 않아도 이처럼 암울한 결론에 이르기란 어렵지 않다. 플라스틱 문제에 관해 나와 이야기를 나눈 사람들 모두 자신이 소중히 여기던 아름다운 풍경이 플라스틱에 점령당하는 걸 지켜본 서글픈 경험이 있었다. 우리가 좋아하는 해변이나 강가를 둘러보면 물가에는 거의 항상 플라스틱이 떠 있다. 그리고 그것은 결국 바다로 흘러간다. 우리 모두에게 끊임없이 영향을 미치는 플라스틱 공해를 많은 사람이 우려하고 있다. 언론은 플라스틱 문제를 톱뉴스로 다루고, 국회에서는 정치인이 플라스틱 공해 문제를 놓고 논쟁 중이다. 플라스틱 안 쓰기 운동에 참여하는 일반인과 환경 친화적인 제품을 추천하는 유명인도 점점 늘어나는 추세다. 이처럼 많은 사람이 우리의 바다로 밀려드는 플라스틱 물결을 어떻게든 막아보려고 노력한다.

지금 전 세계 사람들은 자신들이 얼마나 우스꽝스러운 상황에 처했는지 깨닫고 있다. 플라스틱이라는 화학물질을 개발해 엄청난 양으로 소비하고 있지만 사후 처리에 대해서는 어떠한 계획도 세우지 않았다. 삶에 깊숙이 파고든 일회용 플라스틱 식기, 비닐봉지, 겉면이 비닐로 처리된 일회용 컵 등은 단 몇 분만 사용되고 버려지지만 수백 년 동안 분해되지 않는다. 이대로라면 2050년에 우리 후손이 사는 세상에는 바다에 존재하는 플라스틱 양이 물고기 전부를 합친 양보다 많아질 것이다.

플라스틱 문제와 관련하여 믿기 힘든 수치들이 발표되면서 많은 사람이 과대포장과 불필요한 플라스틱 제품에 분노하기 시작했다. 이들의 분노는 단순히 문제를 논의하는 데 그치지 않고 실질적인 대책을 마련하려는 전 지구적인 움직임으로 이어지고 있다.

이 책은 당장 행동하고 싶지만 어떻게 시작해야 할지 모르는 사람들을 위한 안내서다. 거대한 문제 앞에 서면 누구든 무엇을 해야 할지, 정말 변화가 가능할지 고민하기 마련이다. 물론 내가 그 모든 고민을 해결할 수는 없겠지만 수년 동안 플라스틱 줄이기 캠페인을 펼쳐오면서 쌓아온 경험을 통해, 바닷속 플라스틱을 없애려는 누군가에게 유용한 지침을 제공할 수 있을 것이다. 나는 그동안 많은 사람과 경험을 공유했고, 수많은 기업 및 정치인과 대책을 협의해왔다. 이 책은 거기에서 얻은 소중한 지식을 바탕으로 우리 각자가 어떤 역할을 할 수 있는지 알려줄 것이다. 주방 선반부터 다국적 기업의 중역 회의실

탁자에 이르기까지 우리는 가정에서, 직장에서, 지역사회에서 플라스틱 공해에 마침표를 찍기 위한 노력에 동참해야 한다.

플라스틱 공해는 누구에게나 영향을 미치므로 각 개인의 책임인 동시에 우리 모두의 책임이다. 이것이 내가 가장 전하고 싶은 말이다. 우리는 개인적 차원에서 행동을 변화시킴으로써 플라스틱 사용을 조금이나마 줄일 수 있다. 하지만 함께 행동한다면 훨씬 더 큰 성과를 이룰 수 있다. 친구나 동료와 이야기하거나 소셜 미디어를 활용하면 혼자 싸울 때보다 더 큰 영향력을 발휘할 수 있다. 다른 사람들과 뜻을 모아 힘 있는 정치인과 기업인에게 분명한 메시지를 전달하는 것이야말로 플라스틱 공해 없는 세상을 이루는 최선의 방법이다.

플라스틱 공해는 누구에게나 영향을 미치므로
각 개인의 책임인 동시에 우리 모두의 책임이다.

당신이 이 책을 잃어버리거나 시간이 없어 더 이상 읽지 못할 수도 있으니, 플라스틱을 줄이는 가장 중요한 다섯 가지 방법을 바로 소개하고자 한다. 이 방법은 누구라도, 언제, 어디서나 쉽게 실천할 수 있다.

1. 플라스틱 제로 쇼핑

쓰레기를 줄이자는 책에서 가장 먼저 하는 조언이 쇼핑이어서 놀랐는가? 물병, 텀블러, 에코백(평범한 배낭도 괜찮다), 도시락, 식품 저장 용기는 플라스틱 없는 삶의 필수품이다.

2. 플라스틱 제품 퇴출

욕실에서 시작해 침실, 주방 순서로 시도해보자. 우선 세면대나 화장대에 있는 화장품 라벨에 표시된 성분 목록에 마이크로비즈(주로 각질 제거 세정제나 치약 재료로 사용되는 미세한 플라스틱 조각-옮긴이)가 있는지 확인해보라. 이제 주방으로 눈을 돌려 선반에 있는 플라스틱으로 만든 빨대, 수저, 칼, 포크를 모두 꺼내자. 이 물건들을 어떻게 해야 할까? 물건을 판 사람에게 돌려보내보자. 창피한 건 한 순간이다. 이왕이면 "저희 집에서는 더 이상 일회용 플라스틱을 쓰지 않습니다"라는 메시지도 잊지 말자.

3. 플라스틱 제로 대화

사람들은 책이나 TV에서 접한 조언보다 친구나 가족에게 얻은 충고를 더 깊이 받아들인다. 친구와 이웃에게 유용한 정보를 알려주자(이 책을 선물하는 것도 좋은 방법이다). 작은 노력이 모이면 아무리 어려운 일이라도 해낼 수 있다. 플라스틱 없는 삶이 생각보다 쉽다는 희소식을 널리 퍼트리자.

4. 플라스틱 제로 계획

사실 플라스틱을 줄이려면 어느 정도 계획이 필요하다. 비 오는 날 마땅히 할 일이 없다면 사는 곳 주변에 있는 상점 중에서 어떤 상점이 플라스틱을 적게 쓰는지 생각해보자. 손님이 과일이나 채소를 원하는 만큼 알아서 포장해가는 청과물 가게가 가까운 곳에 있는가? 직장 주변에 패스트푸드 음식점밖에 없다면 도시락을 준비하자. 플라스틱 없는 일상을 계획하여 다이어리에 적어보라.

5. 플라스틱 제로 캠페인 시작

당신이 사는 동네에서 플라스틱을 가장 많이 쓰는 상점이나 음식점을 찾아내자. 그곳 주인을 만나 플라스틱 사용을 줄이는 방법에 대해 이야기하라. "플라스틱 식기와 일회용 컵만을 고집할 이유가 있을까요? 스티로폼 접시 대신 종이 접시를 쓰는 것은 어떠세요?" 주변 사람들과 함께 변화를 요구하자. 결국 소비자가 이기기 마련이다!

제1장

플라스틱과의 전쟁

마이크로비즈 규제

몇 년 전만 하더라도 아주 작은 플라스틱 알갱이 때문에 세상이 떠들썩하게 될 거라고는 누구도 예상하지 못했다. 마이크로비즈Microbeads. 대부분의 사람들에게, 환경운동가인 나에게도 생소했던 이 작은 플라스틱 조각은 미세 플라스틱의 한 종류로 다양한 성분과 크기를 지닌다. 각종 세정제와 세제에 은밀히 첨가된 이 작은 플라스틱 조각은 사용 후 하수구를 통해 조용히 바다로 흘러들어간다. 하지만 제조업체에서는 마이크로비즈의 종착지를 전혀 고려하지 않았다. 이후 2013년 12월 한 연구에서 캐나다와 미국의 국경에 있는 오대호의 플라스틱 오염도가 밝혀졌는데, 오대호 중 가장 작은 온타리오호Lake Ontario에는 1제곱킬로미터당 무려 110만 개의 마이크로비즈가 있었다.

곧바로 마이크로비즈 반대 운동이 일어났고, 2년 후 미국 의

회는 많은 제품에서 마이크로비즈를 금지하는 법안을 통과시켰다. 버락 오바마 전 미국 대통령은 국회의원을 설득하기 위해 오대호가 미국과 캐나다에 걸쳐 있을 뿐 아니라 미국인에게 가장 상징적인 휴가지라는 사실을 강조했다. 또한 오대호가 세계 최대의 담수 공급원이라는 점도 피력했다. 오대호 보호는 정치적 이념을 뛰어넘는 문제였다. 해양 보존을 위해 일하는 우리조차 마이크로비즈에 대해 잘 몰랐지만 미국의 마이크로비즈 금지법 소식이 영국에 전해지자 우리의 새해 계획은 명확해졌다. 영국에서도 미국과 동일한 규제를 마련해야 했다. 오바마 전 대통령도 성공한 마이크로비즈 규제를 영국 정부라고 못할 이유가 있을까?

물론 마이크로비즈 규제가 최초의 플라스틱 공해 대책도 아니고 가장 가시적인 성과를 거둔 것도 아니다. 예를 들어 2002년에 방글라데시는 세계 최초로 비닐봉지 사용을 금지했다. 방글라데시에 강력한 홍수가 빈번해진 원인이 하수시설을 막는 비닐 때문이라는 사실이 밝혀졌기 때문이다(하지만 비닐은 잘 분해되지 않기 때문에 방글라데시에서 여전히 큰 골칫거리다). '물건 이야기 프로젝트The Story of Stuff Project'의 설립자 애니 레너드Annie Leonard를 비롯해 여러 활동가가 만든 온라인 영상은 일회용 플라스틱이 얼마나 무분별하게 사용되는지 널리 알렸다. 영국에서는 해양생물보존협회Marine Conservation Society와 여러 단체가 비닐봉지 유상판매 제도를 요구하는 캠페인을 펼쳤고, 2013년

가을 닉 클레그Nick Clegg 영국 부총리는 대형마트에서 비닐봉지를 5펜스씩 유상으로 판매하는 법안을 발표했다. 이후 비닐봉지 사용이 85퍼센트 감소했다. 비닐봉지 유료화 조치는 소규모 상점까지 확대될 예정이다. 사하라 사막 이남 아프리카 지역부터 샌프란시스코에 이르기까지, 플라스틱 반대 운동은 점점 세력을 확장했다.

2016년 1월 영국 그린피스는 해양생물보존협회, 국제동식물보호협회Fauna & Flora International, 환경조사국Environmental Investigation Agency과 같은 단체와 손잡고 마이크로비즈 금지 캠페인에 돌입했다. 캠페인을 시작한 지 얼마 지나지 않아 수십만 명이 탄원서에 서명했고, 〈데일리 메일Daily Mail〉을 포함한 각종 일간지에서 우리의 캠페인을 헤드라인으로 다뤘다. 여러 유명인사도 캠페인에 동참했다. 전혀 예상하지 못한 호응이었다. 사람들은 플라스틱 공해에 대해 그동안 억눌렀던 분노를 슈퍼마켓까지 침입한 마이크로비즈를 향해 터뜨렸다. 세안제에 든 수천 개의 마이크로비즈가 바다를 오염시킨다는 사실을 전혀 몰랐던 소비자는 우롱당한 기분이었으리라.

이런 상황은 환경운동가에게 큰 선물이었다. 수많은 사람이 우리에게 지지를 보냈기 때문이다. 우리가 해야 할 일은 사람들의 분노를 동력 삼아, 세상을 올바른 방향으로 바꿔나가는 것뿐이었다. 그래서 그럴 만한 힘을 지닌 정치인들과 접촉하려 애썼다. 또한 우리는 연합한 단체들과 함께 규제가 필요한 이유와 법률상 규제가 어떤 형태여야 하는지에 관해 지속적으로 자료를 수집했다. 동시에 기업이 자발적으로 마이크로비즈 제품을 판매하지 않도록 독려했다. 하지만 플라스틱에 대한 사람들의 분노는 쉽게 사라지지 않았다. 마이크로비즈는 거대한 플라스틱 문제의 아주 작은 일부에 불과했다. 아침에 출근해 컴퓨터를 켜면 메일함이 항상 가득 차 있었다. 수많은 사람이 이메일로 플라스틱을 없애는 방법을 제안하거나 문의해왔다.

플라스틱 병을 구시대 유물로 만들려는 노력

캠페인 확대의 기회 앞에서 우리는 다음 두 가지 질문을 통해 이제부터 어디에 초점을 맞춰야 할지 고민하기 시작했다. 첫째, 해양 플라스틱은 어디서 오는 것일까? 둘째, 플라스틱이 바다로 흘러가는 것을 효과적으로 막기 위해 그린피스는 무엇을 해야 할까?

그린피스가 환경보호 실천으로 유명한 단체이다 보니 많은 사람이 환경 파괴를 목격하면 가장 먼저 우리에게 알리고 어떤 행동을 취해야 할지 문의한다. 한마디로 우리에게 플라스틱과의 전쟁에서 판을 짤 기회가 놓인 셈이었다.

이 기회를 잘 살려야 했기에 두 질문의 답을 찾아 과학자,

CEO, 그린피스 후원자, 언론인을 포함해 다양한 사람과 이야기를 나누었고, 얼마 지나지 않아 한 가지 사실을 깨달았다. 플라스틱 공해는 매우 심각한 문제이지만 상대적으로 새로운 이슈이기 때문에 다른 환경 문제보다 관련 연구가 적었다. 해산물에 포함된 미세 플라스틱Microplastics 관련 문헌을 검토해보니 최근 2년 동안 발표된 논문이 지난 30년 동안 발표된 논문 숫자보다 많았다. 우리가 깨달은 또 다른 사실은 플라스틱 공해와의 싸움은 단기 프로젝트가 될 수 없다는 점이었다. 진정한 변화를 일으키기 위해서는 수년 동안 캠페인을 벌여야 했다.

이런 백지 상태에서는 어디서부터 시작해야 할까? 해양보전센터Ocean Conservancy는 매년 100여 개 국가에서 약 50만 명이 참여하는 해변 쓰레기 수거 행사를 개최하고 이에 대한 보고서를 발간한다. 보고서를 살펴보면 해변과 바다에서 가장 많이 발견되는 플라스틱 쓰레기의 순위가 나오는데 결과는 매년 비슷하다. 1위는 담배꽁초로 전체 쓰레기 중 5분의 1 이상을 차지한다(담배에 들어 있는 필터는 셀룰로스 아세테이트라는 플라스틱 성분이다-옮긴이). 플라스틱 병과 병뚜껑 역시 상위 5위에 항상 들고, 둘을 합치면 1위도 될 수 있다.

다양한 분야의 사람들에게 플라스틱 공해와 싸우게 된 이유를 물었을 때, 가장 많은 사람이 플라스틱 병 때문이라고 답했다. 생수나 탄산음료를 마신 후 멀쩡한 용기를 버리는 행위가 얼마나 불합리한지 우리는 본능적으로 안다. 그런데도 영국에서 하루 동안 버려지는 플라스틱 병만 약 3,500만 개에 달한다.

영국인이 1년 동안 버리는 약 130억 개의 플라스틱 병 중 재활용되는 비율은 절반에도 못 미친다. 세계에서 플라스틱 용기 음료를 가장 많이 파는 코카콜라는 연간 약 1,200억 개의 플라스틱 병을 생산하는 것으로 추산된다. 병을 일렬로 늘어놓으면 지구를 거의 700바퀴 돌 수 있다. 분명 이 중 상당수가 강과 해변에 도달해 결국 바다로 흘러갈 것이다. 플라스틱 병이야말로 그린피스가 영향력을 발휘할 출발점이었다.

플라스틱 병이 너무나 무분별하고 광범위하게 사용되고 있는 현실을 개선하기 위해서는 어떠한 대책을 세워야 할까? 첫 번째 목표는 숫자 줄이기였다. 지금 속도로 플라스틱을 계속 생산할 수는 없다. 전 세계 어떤 쓰레기 처리 시스템이나 재활용 시스템도 현재의 쓰레기 배출 속도를 감당하지 못한다. 플라스틱 병을 생산하는 회사는 일회용 용기와 결별하기 위한 시범사업을 고려해야 한다. 음수대, 리필 제품, 재사용이 가능한 용기

영국인이 1년 동안 버리는
약 130억 개의 플라스틱 병 중
재활용되는 비율은 절반에도 못 미친다.

가 좋은 예다. 플라스틱 대체 물질을 사용하는 방안도 있다. 하지만 어떤 물질이든 플라스틱처럼 엄청난 양을 사용한다면 부작용이 생길 것이다. 플라스틱 대체 물질을 찾는 노력도 중요하지만 대안적인 판매 방식부터 고민해야 한다.

사실 플라스틱 병 사용량이 감소하더라도 구시대 유물이 되기까지는 오랜 시간이 걸릴 것이다. 당장에 할 수 있는 일을 찾아야 했다. 우리는 '잉글랜드 농촌 살리기 캠페인Campaign to Protect Rural England'에 동참해 플라스틱 보증금 제도를 도입하라고 정부에 요구했다.

이 제도는 우유병 보증금 제도를 벤치마킹한 것이다. 우유 구매자는 우유병에 대해 일정한 보증금을 지급하고 다 마신 병을 돌려주면 보증금을 돌려받는다. 플라스틱 보증금 제도를 성공적으로 시행한 독일과 노르웨이에서는 플라스틱 병 회수율이 90퍼센트를 웃돈다. 동시에 우리는 기업의 재활용 플라스틱 사용 비율을 늘리는 캠페인도 실시했다. 재활용 재료로 쓰일 폐기 플라스틱에 대한 수요가 생긴다면, 기업이 플라스틱 병을 회수하는 동기가 될 수 있다. 그렇다면 플라스틱 병이 자연을 오염시키거나 매립지에 묻히는 대신 보증금 환급 제도와 같은 조치를 통해 재활용되는 비율이 높아질 것이다.

캠페인은 효과를 거두고 있다. 우리가 원하는 만큼의 속도는 아니지만 분명 가시적인 성과가 보인다. 스코틀랜드 정부도 보증금 제도 시행 계획을 발표했다. 또한 2018년 3월에는 마이클 고브Michael Gove 영국 환경부 장관이 보증금 제도를 전국으로 확대하겠다고 선언했다. 코카콜라는 매년 생산하는 플라스틱 병을 모두 회수하겠다고 공언했다(두고 봐야 할 일이지만). 이러한 선언들은 아직 문서에만 머물러 있지만 전 세계 기업과 정치인들이 플라스틱 줄이기가 얼마나 시급한지 깨닫고 있다는 신호다.

환경운동가로서 승리의 기운을 느끼기란 쉽지 않은 일이다. 솔직히 말하자면 난 여전히 플라스틱 줄이기 캠페인이 성공을 거두어 빠르게 확산되고 있다는 사실을 종종 실감하지 못한다.

카약을 타러 스코틀랜드 서쪽 해안으로 가면 플라스틱 쓰레기로 덮인 해변 옆에 캠프를 쳐야 한다. 미친 듯이 빠른 변화에 대중의 관심이 따라가지 못하는 상황은 익숙하다. 그린피스 활동가는 힘 있는 사람들의 주목을 받기 위해 항상 밖으로 나가 목이 터져라 외쳐야 했다. 정치인, 언론인, 기업인 등이 우리의 이야기를 먼저 들으려고 하는 상황은 무척 생소한 경험이다.

플라스틱이 바다로 흘러들어가지 못하게 막아야 한다는 주장이 여기저기에서 나오고 있고, 우리는 가장 좋은 길이 어디인지에 대해 서로 의견이 충돌하기도 한다. 그렇지만 거대한 변화를 일으킬 파도가 몰려오고 있다는 사실 만큼은 분명한 것 같다.

문제의 근원을 파헤치다

내가 플라스틱 줄이기 캠페인에 뛰어든 결정적인 이유는 그린피스가 지닌 중대한 허점 때문이었다. 몇몇 단체가 여러 해 동안 점증적인 정책 변화를 위해 캠페인을 펼쳤지만, 플라스틱과 관련한 캠페인과 공적 영역에서의 논의는 대체로 소비자를 향하는 듯했다. 평범한 사람들이 플라스틱을 지나치게 소비하고 재활용하지 않는다고 비난받았다. 우리가 아무리 노력해도 플라스틱을 전혀 쓰지 않는 것은 불가능하며 어찌되었든 플라스틱 공해에 연루될 수밖에 없다는 사실을 인정하는 사람은 아무도 없는 것 같았다.

물론 개인도 다양한 방법으로 변화를 일으킬 수 있다. 하지만 기업은 전혀 사후 처리 계획 없이 한 번 쓰고 버려질 플라스틱 포장재를 과도하게 생산하고 있고, 정치인은 기업에 충분한 책임을 지우지 않는다. 당신이 사는 지역의 재활용 제도가 슈퍼마켓에서 나오는 플라스틱을 감당하지 못하는 것은 당신 잘못이 아니다. 모든 책임을 개인에게 돌리는 것은 부당하다.

이처럼 플라스틱 문제의 책임 소재를 따지는 과정에 모순이 있다는 사실을 깨달았을 때 그린피스가 나서야 한다는 결론을 내렸다. 기업과 정치인을 포함한 모든 당사자를 압박함으로써 과감한 변화를 일으키고, 궁극적으로 플라스틱을 줄일 수 있는 캠페인을 펼쳐야 했다. 개인, 정부, 기업뿐 아니라 국제사회가 해양 플라스틱에 대한 책임을 공유해야만 공동의 해결책도 찾을 수 있다. 그렇기 때문에 이 책에서는 가정에서 실천할 수 있는 방법만 다루는 것이 아니다. 개인의 노력도 물론 중요하다. 하지만 플라스틱을 포기해야 하는 이유를 당신이 널리 알리길 바라는 마음에서, 나는 동료들과 함께 기업인과 정치인을 상대하면서 배운 모든 노하우를 이 책에서 공개할 것이다.

내가 플라스틱을 줄이기 위한 여정을 시작할 때 그린피스 활동가뿐 아니라 다른 여러 단체의 동료가 함께해줬다. 그중 한 명인 루크 매시Luke Massey는 캠페인 경험이 풍부하고 뛰어난 자질을 지닌 이야기꾼이다. 매시 덕분에 난 플라스틱 문제를 대중에게 어떻게 인식시켜야 할지 방향을 세울 수 있었다. 다음은 플라스틱에 관한 그의 의견이다.

모든 책임을 개인에게 돌리는 것은 부당하다.

당신은 누구인가?

내 이름은 루크 매시이고, 그린피스 홍보담당관으로 해양 문제 담당이다.

왜 플라스틱 문제에 관심을 갖는가?

플라스틱 공해가 야생생물에 끼치는 끔찍한 영향을 보면 마음이 찢어질 듯 아프다. 하지만 더 큰 이유는 우리가 인간 종으로서 플라스틱 공해 위기를 어떻게 받아들일지의 문제가 더 근원적인 질문을 제기한다고 생각했기 때문이다. 어떻게 해야 전 세계적인 버리기 문화에서 벗어나 인간이 지구에 남기는 발자국을 최소화할 수 있을까 하는 질문 말이다. 플라스틱 오염을 막는 일은 눈에 보이는 바람직한 결과만을 위한 게 아니다. 플라스틱과 싸우는 동안 우리는 스스로 생산하고 소비하는 물건과의 관계를 재해석하게 된다. 제대로 된 교훈을 얻는다면 큰 변화를 일으킬 수 있다.

우리가 어떻게 하면 좋을까?

생각보다 많은 일을 할 수 있다. 지난 몇 년 동안 내가 겪은 가장 큰 변화는 자기 동네에서 다른 사람들과 대화를 나누는 사람들에게서 시작되었다. 그들은 가게나 상점 주인과 이야기를 나누고 지역신문이나 정치인에게 편지를 썼다. 대화가 문제를 수면으로 끌어올렸다.

이제까지 목격한 플라스틱 오염 중 가장 심각한 사례는 무엇인가?

칠레 파타고니아 지역에 있는 펭귄 군락에 갔을 때 정말 안타까운 장면을 접했다. 펭귄 서식지는 매우 외딴 섬이었고, 내가 갔을 때는 펭귄이 땅을 파 둥지를 만드는 시기였다. 펭귄 새끼는 어느 정도 자랄 때까지 땅속 둥지에 머물며 체온을 유지한다. 나는 수컷 한 마리가 바다에서 건진 비닐 포장지를 입에 가득 물고 둥지로 돌아오는 모습을 보았다. 정말 참담한 광경이었다.

플라스틱을 줄이기 위한 여러 해결책 중 경험한 최고의 방법은 무엇인가?

그럴싸한 해양 플라스틱 수거 장치들이 큰 관심을 받고 있지만 해결책은 문제의 근원에서 찾아야 한다. 근원적인 해결책이란 너무나도 당연해 보이지만 아주 중요한 것이다. 바로 일회용 플라스틱을 만드는 기업을 압박하는 것이다. 이미 여러 국가에서 일회용 플라스틱 때문에 생기는 비용을 공해유발자가 부담하는 제도를 도입하고 있다. 정말 반가운 일이다. 문제를 근본적으로 해결하기 위해서는 플라스틱 생산 기업이 버리기 사업 모델에서 벗어나도록 동기를 부여해야 한다.

플라스틱을 줄이기 위해 어떤 실천을 하는가?

커피 중독인 내가 가장 효과적으로 플라스틱 발자국을 줄일 수 있는 수단은 텀블러다. 하루에 보통 한두 잔씩 사서 마시기 때문에 1년 동안 줄일 수 있는 플라스틱 양이 상당하다. 내가 처음 텀블러를 들고 커피숍을 찾았을 때는 직원들이 신기하게 여겼다. 이제는 흔한 일일뿐더러, 대부분의 커피숍에서 개인 컵을 가져오는 손님에게 음료값을 할인해준다.

플라스틱 문제 중에서 가장 화가 나는 일은 무엇인가?

기업의 책임 회피다. 수년 동안 기업은 시장에 일회용 플라스틱을 마구 쏟아내면서 큰 이익을 거뒀지만 플라스틱의 폐기 문제는 전혀 책임지지 않는다. 그러고는 플라스틱 쓰레기 문제를 소비자 탓으로 돌린다. 플라스틱으로 돈을 벌면서 쓰레기는 다른 사람들이 치우게 하는 사업 모델은 정말 신물이 난다.

플라스틱을 줄일 수 있는 방법으로는 무엇이 있는가?

덜 사용하라. 우리 모두 일회용 플라스틱 사용을 크게 줄여야 한다.

재사용하라. 여러 번 사용 가능한 물병을 들고 다니고, 다 마시면 또 채워서 쓰라. 커피숍에 갈 때에는 개인 컵을 들고 가고, 장을 보러 갈 때에는 장바구니를 챙겨라.

재활용하라. 두말할 필요 없이 재활용할 수 있는 건 모두 재활용해야 한다.

사람들과 대화하라. 친구에게, 동네 상점 주인에게 이야기하라. 플라스틱 제품을 지나치게 많이 파는 곳이 있다면 항의하라.

이제까지 접한 개인이나 기업의 플라스틱 줄이기 노력 중 특히 인상적인 사례는 무엇인가?

2016년 뉴욕에서 롭 그린필드Rob Greenfield라는 남자가 한 달 동안 자신이 버린 쓰레기를 전부 몸에 걸친 일이다. 비닐봉지, 일회용 용기, 일회용 컵, 플라스틱 병 등 모조리 말이다. 소비와 쓰레기에 대한 사람들의 경각심을 높이기 위해 쓰레기 괴물처럼 거대해진 몸으로 뉴욕 거리를 걸었다. 쓰레기를 직접적으로 줄인 건 아니지만 롭의 기행은 충분히 화젯거리가 되었다. 그 덕분에 언론이 소비와 플라스틱 공해 문제를 중요하게 다뤘다.

제2장

편리한 플라스틱의 불편한 문제

문신을 새긴 랍스터와 심해 플라스틱

랍스터는 어쩌다가 껍데기에 펩시 로고를 '문신'으로 새기게 되었을까? 어느 누구도 상상 못한 질문이었다. 하지만 캐나다 어부가 잡아올린 포획물 가운데 한 랍스터의 등딱지에서 이상한 무늬를 발견됐다. 평소 펩시를 즐겨 마시던 한 선원이 파랑, 하양, 빨강으로 이루어진 마크를 알아보았다. 광고였을까? 펩시 마케팅팀이 도를 넘어 수중생물에게까지 브랜드를 새기기 시작한 게 아니다. 인간이 버린 쓰레기가 어떻게 바다에 흔적을 남기는지 보여주는 충격적인 예일 뿐이었다. 펩시 문신 랍스터에 대해 전 세계 언론은 환경오염이 얼마나 심각한지 보여주는 충격적인 사건이라며 대대적으로 보도했다. 하지만 내 동료들처럼 이런 일에 익숙한 사람들은 안타까워하며 씁쓸해하긴 해도 놀라지는 않았다.

2017년 여름 우리 팀은 기껏해야 12명이 잘 수 있는 작은 요트인 그린피스의 선박 벨루가 IIBeluga II를 타고 스코틀랜드 해안 탐사에 나섰다. 탐사 목적은 코뿔바다오리와 돌묵상어처럼 영국에서 가장 상징적인 야생생물의 색이장feeding ground(영양염류와 일사량이 많아 플랑크톤이 풍부해 해양생물이 정착하여 먹이를 찾고 섭취하는 곳-옮긴이)을 찾은 다음 플라스틱 공해 실태를 기록하는 것이었다.

웅장하고 신비한 돌묵상어는 지구상에서 두 번째로 큰 어류다. 스코틀랜드의 전설적인 시인 노먼 맥케이그Norman MacCaig는 돌묵상어를 '성냥갑만 한 뇌를 지닌 방 한 칸 크기의 괴물'이라고 불렀다. 매우 안타깝게도 난 아직 돌묵상어를 본 적이 없다. 1년 중 돌묵상어가 자주 출몰하는 시기가 되면 카약에 올라타 부릅뜬 눈으로 색이장 물속을 들여다보는데 말이다.

돌묵상어는 길이가 보통 10미터도 넘게 자라는데, 먹이는 아주 작은 플랑크톤이다. 돌묵상어는 전 세계 바다를 유유히 헤엄쳐 다니는데, 플랑크톤을 먹기 위해 항상 벌리고 있는 돌묵상어의 입은 너비가 1미터도 넘고, 입안에는 물을 걸러내는 특수한 형태의 뼈가 있다.

우리는 돌묵상어 입과 너비가 같은 촘촘한 저인망을 그린피스 선박에 매달아 끌고 다니면서 미세 플라스틱을 조사한다. 이 선사시대 괴물들은 오늘날 분명 먹이와 함께 현대의 쓰레기를 엄청나게 먹고 있다. 우리 팀이 약 두 달 동안 거의 50차례

* 미세 플라스틱이란? *

미세 플라스틱은 크기가 5밀리미터 이하의 작은 플라스틱 입자를 의미하며 조작, 파편, 알갱이, 섬유 등 형태가 다양하다. 미세 플라스틱에는 마이크로비즈처럼 애초부터 작게 만들어진 것도 있지만 비닐봉지, 플라스틱 병처럼 큰 플라스틱에서 인위적 또는 자연적으로 마모되어 나온 조각들도 있다.

저인망을 끌며 채취한 샘플 중 3분의 2에서 미세 플라스틱이 검출되었다.

우리가 탐험하는 내내 또 다른 팀이 우리 배를 육로로 따라다니며 기회가 될 때마다 해변을 청소하고 면밀히 조사했다. 종종 지역 학교나 단체와 협력해 해안가로 밀려온 플라스틱 쓰레기도 수거하고 기록하기도 했다. 해변마다 물티슈, 플라스틱 병, 비닐봉지처럼 무심코 버린 쓰레기가 셀 수 없이 많았고, 영국제도에서 가장 아름다운 외딴 섬들 역시 마찬가지였다.

초장거리 수영선수이자 유엔 해양홍보대사인 루이스 퓨Lewis Pugh도 나와 비슷한 경험을 했다. 그가 정치인을 향해 이야기한 경험은 내게 강렬한 인상을 남겼다. 퓨는 북극권에 있는 극북 지역 스발바르 제도Svalbard Archipelago의 무인도인 바렌트쇠위아Barentsøya(바렌츠Barents 섬이라고도 불림)의 해변 청소를 계획했다.

바렌트쇠위아에는 한 번도 사람이 살지 않았는데도 퓨가 해양 생물학자와 도착했을 때 해변은 플라스틱 조각으로 덮여 있었다. 그중에는 오래된 낚시 장비처럼 상대적으로 가까운 곳에서 떠내려온 것도 있었지만 대부분은 해류를 타고 수천 킬로미터를 이동한 것이었다. 퓨는 플라스틱을 줍기 시작한 지 채 한 시간도 되지 않아 거대한 포대가 가득차 마음이 몹시 아팠으며, 날씨가 궂은 뒤 며칠이 지나자 해변이 처음처럼 플라스틱으로 덮여 절망했다고 밝혔다. 그가 쓴 글처럼 "바렌츠 섬은 플라스틱이 아닌 북극곰을 위한 곳이다."*

인간의 손길이 닿지 않는 수많은 장소가 비슷한 처지다. 태평양 서부에 위치한 마리아나 해구Mariana Trench도 마찬가지다. 해수면에서 11킬로미터 아래에 있는 마리아나 해구는 지구에서 가장 깊고 신비로운 곳이다. 뉴캐슬대학교Newcastle University 과학자들이 해구의 가장 깊은 곳에서 채취한 모든 표본에서 미세 플라스틱이 검출되었다. 작은 새우 같이 생긴 단각류Amphipod는 해저 바닥에 서식하며 햇빛을 한 번도 본 적 없지만 작은 플라스틱 조각을 먹고 있었다.

이제까지 플라스틱 분포가 가장 높게 기록된 곳은 사람이 살지 않는 남태평양 산호섬인 헨더슨 섬Henderson Island이다. 헨더슨 섬을 조사한 과학자들은 이곳에 약 3,800만 개 이상의 플라

* http://lewispugh.com/no-place-to-hide-from-plastic/

스틱 조각이 있으며 일부는 독일, 캐나다처럼 먼 곳에서 왔다고 밝혔다. 안타깝지만 우리가 내릴 수 있는 결론은 지금부터 플라스틱을 열심히 청소하더라도 인간의 행동이 야기하는 막강한 영향은 수 세대 동안 전 세계 곳곳에서 나타날 것이라는 사실이다.

야생에 미치는 영향

쓰레기로 더러워진 신비한 외딴 곳들이 선사하는 건 멋진 풍경만이 아니다. 희귀 생명체와 정교한 생태계에 안전한 피난처를 제공하는 미지의 지역에는 그곳 환경에 맞춰 진화한 생물 종들이 서식하고 있다. 이미 기후변화에 위협받고 있는 이런 지역에 누구도 플라스틱 공해라는 또 다른 짐을 지우고 싶지 않다. 플라스틱이 생물 종에 미치는 영향에 대한 연구는 초기 단계이지만, 해양생물 중 영향을 받지 않은 종은 거의 없다. 2015년 오스트레일리아 연구팀이 〈미국국립과학원회보Proceedings of the National Academy of Sciences〉에 발표한 연구에 따르면, 놀랍게도 바닷새 중 90퍼센트 이상이 소화기관에 플라스틱이 있는 것으로 추정된다.

이런 연구 결과를 보니 사진작가 크리스 조던Chris Jordan의 유명한 사진이 떠올랐다. 신문 헤드라인을 장식한 그의 사진은

북태평양에서 죽은 앨버트로스 새끼의 모습이 담겨 있었다. 살이 부패하면서 드러난 위 안에는 플라스틱 조각이 가득했다. 새끼는 플라스틱 때문에 둥지를 떠나지 못하고 죽은 것이다. 내게 이 사진은 플라스틱 공해를 보여주는 가장 상징적인 이미지다.

나는 새의 종류를 구별하는 데 특별히 뛰어나진 않지만 종종 새를 관찰한다. 1시간여 동안 쌍안경을 들고 앉아 멋진 생명체들이 바다 위를 급강하하여 활공하거나 해변을 따라 먹이를 쪼는 광경을 보는 것이야말로 자연을 경험할 수 있는 가장 값진 방법 중 하나다. 물속을 향해 저돌적으로 다이빙하는 부비새는 속도가 시속 100킬로미터에 이른다. 우아하지만 때론 포악한 북극제비갈매기는 극지방을 오가며 평생을 보낸다. 장대한 앨버트로스는 몸집이 너무 커 강풍이 불 때만 바람을 타고 날 수 있지만 일단 날기 시작하면 남극해에서 이는 고층건물 높이의 파도 위를 가로지른다.

이처럼 바닷새는 지구에서 가장 강인한 생명체다. 바닷새가 의존하는 해양 환경이 빠르게 변하면서, 먹이가 점차 줄자 수많은 바닷새 군체가 적응하는 데 어려움을 겪고 있다. 여러 연구에 따르면 바닷새 개체 수는 지난 몇십 년 동안 무려 70퍼센트 감소했다. 이미 온갖 어려움을 겪고 있는 아름다운 야생생물의 배 속을 플라스틱으로 채우게 해서는 안 된다.

내 동료이자 야생생물 사진가인 윌 로즈Will Rose는 그린피스 원정대와 함께 사람의 발길이 거의 닿지 않는 샤이언트 섬Shiant

바닷새 중 90퍼센트 이상이
소화기관에 플라스틱이 있는 것으로 추정된다.

Isles을 찾아가 사흘 동안 야영하며 코뿔바다오리 군락을 촬영했다. 부리가 큰 코뿔바다오리는 퍼핀puffin이라고도 불린다. 체력이 좋아 지구에서 가장 험난한 바다 주변을 몇 달 동안 쉬지 않고 돌아다니다가 항상 같은 해변 언덕으로 돌아와 땅속 틈새에 둥지를 튼다. 애석하게도 다른 바닷새와 마찬가지로 코뿔바다오리 역시 기후변화에 위협받고 있다. 스코틀랜드 서해안의 아우터 헤브리디스Outer Hebrides와 이너 헤브리디스Inner Hebrides 사이에 위치한 샤이언트 섬에서 로즈가 찍은 코뿔바다오리의 사진은 섬뜩했다. 자신의 조상들이 수천 년 동안 집으로 삼았을 바위에 코뿔바다오리 한 마리가 위풍당당하게 앉아 있었고 부리에는 앙증맞게 가느다란 연두색 플라스틱 조각이 대롱거렸다. 플라스틱 조각을 삼키려던 순간이었던 것 같다.

물론 바닷새가 유일한 희생자는 아니다. 난 어떤 도시에 처음 가면 가장 먼저 조깅을 한다. 몇 년 동안 좁은 배에서 지내다 보니 탐사선이 정박하면 두 발을 땅에 딛고 연못, 호수, 강, 운하로 이어지는 도시의 수로를 관찰하고 싶어진다. 그런데 전 세계 어디를 가든 항상 마주치는 익숙한 광경이 있다. 플라스틱 둥지 또는 플라스틱 더미에서 먹이를 찾는 새의 모습이다. 런던 리젠트 운하Regent's Canal를 떠다니는 쇠물닭이든, 미국 오클랜드의 메리트호Lake Merritt 주변을 거니는 해오라기든, 독일 함부르크의 엘베 강River Elbe 위를 나는 갈매기든, 대만 타이베이 공원의 직박구리든 모두 마찬가지다.

플라스틱은 해안 수로만 더럽히는 것이 아니다. 해류를 타고 바다로도 흘러간다. 그렇다면 위험에 처한 건 새만이 아니다. 거북이는 비닐봉지를 해파리로 착각하고, 심해에서 사냥하던 향유고래는 쓰레기를 오징어로 착각하고 삼킨다. 분해되는 데 수백 년이 걸리는 쓰레기가 해양생물에게 심각한 위협을 가하고 있다.

가장 큰 문제 중 하나는 해양생물이 쓰레기에 얽히는 것이다. 2014년 미국 정부의 의뢰로 작성된 보고서에 따르면 새끼 바다표범을 비롯해 어린 생물일수록 쓰레기에 쉽게 얽히고, 미국 해역에서만 200개가 넘는 생물 종이 쓰레기에 걸린 것으로 밝혀졌다(보고서 작성자들은 이 수치가 보수적으로 집계한 것이기 때문에 실제로는 훨씬 높을 수 있음을 지적했다). 플라스틱은 이처럼 먹이로 둔갑하거나 덫이 되어 야생생물을 괴롭히는 데 그치지 않는다. 아주 작은 플랑크톤부터 거대한 고래에 이르기까지 모든 생물이 플라스틱을 먹기 시작하면서 플라스틱은 먹이사슬의 모든 단계에 진입하고 있다.

유독물질

많은 사람이 알다시피 유독물질은 먹이사슬을 거슬러 올라가면서 축적되어 더욱 문제를 일으킨다. 이러한 현상을 생물축적Bioaccumulation이라고 한다. 가장 잘 알려진 예는 수은이다. 참치, 황새치와 같은 포식자 어류의 근육 조직은 수은 농도가 굉장히 높다. 먹이사슬 꼭대기에 있는 인간이 수은의 종착지가 될 수도 있지만 다행히 식품 위생 규정 덕분에 이 무시무시한 물질이 식탁에 오르는 경우는 드물다. 하지만 쉽게 예상할 수 있듯이, 누적된 수은은 포식자 생물에게 온갖 문제를 일으킨다. 예를 들어, 유독물질이 몸 안에 쌓인 포식자 생물은 병에 걸리거나 생식 능력을 잃어버린다.

폴리염화바이페닐Polychlorinated biphenyls, PCB도 잘 알려진 유독물질이다. 여러 화합물로 조성된 폴리염화바이페닐은 1930년대부터 난연제나 형광등을 비롯한 다양한 제품에 사용되었지만, 1970년대부터 일부 국가에서 규제하기 시작했고 2002년에는 전 세계적으로 금지되었다. 산업공정에서 배출되어 자연으로 흘러들어간 폴리염화바이페닐 역시 고래나 바다표범과 같은 해양 포유류의 지방에 축적된다. 폴리염화바이페닐이 일정 농도 이상으로 쌓이면 면역력이 약해지고, 기생충에 감염되며, 생식 능력이 떨어지는 등 여러 문제가 발생한다. 무엇보다도 안타까운 점은 바다에 사는 포유류는 지방을 연소할 때 몸 안에 누적된 유독물질도 같이 연소하기 때문에 새끼에게 젖을 물리면 유독물질도 함께 먹이게 된다는 사실이다.

이러한 유독물질이 플라스틱 공해와 어떤 연관이 있을까? 플라스틱은 그 자체로도 문제를 일으킬 수 있는 화합물로 만들어졌지만 더 큰 문제는 바다에 들어가서 마치 스펀지처럼 행동한다는 것이다. 샌디에이고주립대학교San Diego State University 연구진에 따르면 바다로 흘러들어간 플라스틱은 폴리염화바이페닐과 다른 여러 유독물질을 끊임없이 흡수한다. 홍합, 굴과 같은 조개류와 어류가 먹이인 줄 알고 플라스틱을 삼키는데, 삼키기도 전에 이미 독성이 증가한 상태이기 때문에 플라스틱으로 인한 유독물질의 생물축적은 더욱 심각하다. 이에 대한 연구는 아직 초기 단계이지만 이제까지 나온 결과만으로도 매우 걱정스럽다. 해산물에 누적된 유독물질이 인간의 건강에 어떤 영향을 주는지에 대한 연구 역시 본격적으로 시작한 지 얼마 안 되었기 때문에 성급하게 단정할 수는 없지만, 플라스틱이 우리 식탁을 침범하고 있다면 공중보건당국은 플라스틱 유독물질을 막기 위한 대책을 서둘러 마련해야 한다.

자연으로 흘러가는 플라스틱

지구 곳곳으로 퍼져나간 플라스틱이 어떻게 야생생물을 괴롭히는지 알았으니, 이제 플라스틱이 애당초 어떻게 자연으로 흘러가는지 살펴보자.

나는 평소 다음의 세 가지 질문을 자주 받는다.

첫째, 이미 바다에 존재하는 플라스틱은 얼마나 될까(플라스틱을 청소할 수는 없을까)?

바다에 존재하는 플라스틱 양을 정확히 파악하기란 여러 이유에서 어렵다. 예를 들어, 어떤 플라스틱은 물에 뜨기 때문에 해안가에서 쉽게 발견되지만 무거운 플라스틱은 해저로 가라앉는다. 마이크로파이버Microfibres(초미세 합성섬유)나 미세 플라스틱처럼 눈에 보이지 않는 플라스틱도 굉장히 많다. 무엇보다도 가장 큰 이유는 바다가 어마어마하게 넓다는 사실이다! 우리가 사는 푸른 행성 중 3분의 2 이상은 바다로 덮여 있지만 이제까지 조사된 해저 면적은 극히 일부에 지나지 않으므로, 바다 전체에 있는 플라스틱 양을 가늠하는 것은 매우 어렵다.

이 같은 어려움에도 불구하고, 맥킨지산업환경센터McKinsey Center for Business and Environment의 협력기관인 해양보전센터는 바다에 1억 5,000만 톤의 플라스틱이 존재하는 것으로 추산했다. 이 수치만으로도 충분히 우려스럽지만, 엘런 맥아더 재단Ellen MacArthur Foundation은 현재 속도로 플라스틱이 계속 생산된다면 2050년에는 바다에 있는 플라스틱의 무게가 바닷속 물고기 전체의 무게를 능가할 것이라고 예측했다.

어떤 기술이나 노력으로도 1억 5,000만 톤의 플라스틱을

바다에 존재하는 플라스틱은
1억 5,000만 톤으로 추산된다.

제거할 수는 없다. 세계에서 가장 높은 건물인 버즈 칼리파Burj Khalifa 300채를 합친 무게만큼의 플라스틱이 해수면부터 가장 깊은 해구까지 바다 곳곳에 흩어져 있다. 한마디로 해양 플라스틱을 청소하는 건 불가능하다. 해양 플라스틱이 심각한 환경오염을 일으키거나 사회기반시설을 망가트리는 지역에서는 플라스틱 청소가 매우 바람직하고 반드시 필요한 일이긴 하지만, 바다에 이미 존재하는 플라스틱을 전부 제거하는 데에는 한계가 있다.

플라스틱의 바다 유입을 애초에 막으려면 플라스틱이 만들어지는 근본적인 원인에 초점을 맞춰야 한다. 물론 해변에서 플라스틱을 줍는 일도 필요하고, 정부와 기업 역시 해변 정화 노력을 지원해야 하지만 플라스틱 생산이 줄지 않는 한 해변을 끊임없이 청소하더라도 상황은 마찬가지일 것이다.

둘째, 해마다 얼마나 많은 플라스틱이 바다로 흘러들어갈까? 최근 통계에 따르면 매년 480만 톤에서 1,270만 톤의 플라스틱 쓰레기가 바다로 흘러들어간다. 이는 1분마다 쓰레기 트럭 한 대가 바다에 플라스틱을 쏟아버리는 것과 같다. 최근 영국 정부는 한 보고서에서 10년 뒤 바다의 플라스틱 쓰레기가 현재보다 세 배 증가할 것으로 예측했다.

셋째, 플라스틱은 도대체 어디서 흘러온 걸까? 이 질문은 앞서 언급된 두 질문보다 어렵다. 한 연구에 따르면 해양 플라스틱의 약 80퍼센트는 바다를 항해하는 선박에서 버려진 것이 아니라 육지에서 흘러들어온 것이다. 플라스틱이 바다로 흘러가는 경로는 다음과 같이 다양하다.

- 옷을 세탁할 때 나오는 작은 섬유 덩어리인 마이크로파이버(초미세 합성섬유)가 해양 플라스틱 중 약 3분의 1을 차지한다.
- 쓰레기통에 넣지 않고 아무데나 버린 플라스틱은 여기저기 굴러다니다가 강이나 저수지에 도달한 뒤 결국 바다로 흘러간다.
- 재활용되지 않고 매립지에 버려진 플라스틱도 바다로 흘러가는 경우가 많다. 플라스틱은 이밖에도 여러 경로로 바다로 흘러가 해류를 타고 지구의 구석구석으로 퍼져나간다.

쓰레기 처리 시설과 재활용 설비가 아무리 발전하더라도 엄청나게 생산되는 플라스틱을 감당하기에는 턱없이 부족하다. 폐기물 처리 시설에 버리지 않은 플라스틱은 그 양이 적더라도 막대한 피해를 끼칠 수 있다. 과학자들은 플라스틱 쓰레기 중 거의 3분의 1이 폐기물 처리 시설이나 재활용 시설로 보내지

옷을 세탁할 때 나오는 마이크로파이버가
해양 플라스틱 중 약 3분의 1을 차지한다.

지 않는 것으로 추산한다.

플라스틱 재활용하기

지난 20년 동안 플라스틱 생산은 정말 빠르게 증가해 2015년에는 3억 2,000만 톤을 넘었다. 지구 전체 인구의 몸무게를 더한 것보다 큰 수치다. 앞으로 20년 동안에는 두 배 더 증가할 것으로 예상된다.

1960년대 비닐봉지가 개발되면서 일반 대중이 처음 값싼 가격으로 플라스틱 제품을 이용하기 시작한 후, 플라스틱이 우리 삶과 사회에 차지하는 비중은 날로 커졌다. 이제는 플라스틱 없는 세상을 상상하기 힘들 정도로 플라스틱은 어디서나 쓰인다. 단 몇 분 동안만 쓰고 버리지만 분해되는 데 수 세기가 걸리는 일회용 플라스틱의 대량 생산 문제는 지난 몇 년 전부터 세상의 주목을 끌기 시작했다.

기하급수적으로 증가하는 일회용 플라스틱 생산 속도를 재활용 시설과 폐기물 처리 시설의 발전 속도가 따라잡지 못하면서, 점점 더 많은 플라스틱이 자연을 오염시키고 있다. 전체 플라스틱 생산량 중 14퍼센트만이 재활용을 위해 수거되고, 실제로 재활용되는(수거된 폐기물의 가치가 떨어지는 다운사이클downcycle이 아닌 실질적인 재활용) 비율은 약 5퍼센트에 불과하다.

나라마다 폐기물 처리 기술 수준이 다르지만 네덜란드나 일본처럼 기반시설이 잘 갖춰진 곳에서도 플라스틱 생산량은 폐기물 처리량보다 훨씬 많다. 우리는 두 가지 선택의 갈림길에 서 있다. 첫째, 갈수록 커지는 쓰레기 부담을 조금이라도 덜기 위해 폐기물 처리 산업을 발전시키는 현재의 힘겨운 노력을 계속할 수 있다(그렇더라도 여전히 많은 양의 폐기물이 자연으로 흘러갈 것이다). 둘째, 일회용품에서 벗어나도록 제품 생산 방식을 바꿀 수 있다. 다시 말해 제품의 수명 전체를 고려하는 거시적인 접근법을 추구하는 것이다.

어떤 선택을 해야 하는지는 너무나도 분명하다. 전 세계 어떤 폐기 시설이나 재활용 시설도 현재의 쓰레기 배출 속도를 따라가지 못할 뿐 아니라 그 자체로 환경오염의 원인이다. 예를 들어 쓰레기 소각장은 탄소 같은 유독물질을 대기로 뿜어낸다. 폐기물 처리 시설을 발전시킨다면 자연으로 흘러가는 플라스틱을 어느 정도 줄일 수 있겠지만 장기적인 해결책은 아니다.

쓰레기 거래

나라마다 폐기물 처리에 골머리를 앓는 가운데, 해마다 수백만 톤의 플라스틱 쓰레기가 전 세계에서 거래되고 있다. 매립지나 폐기 시설, 소각장이 부족한 국가들은 쓰레기를 다른 국가에 팔고, 이렇게 팔린 쓰레기는 복잡한 중개업체 네트워크를 거쳐 지구 반대편으로 이동한다. 우리가 정해진 장소에 올바르게 플라스틱을 버리더라도 결국 배에 실려 다른 나라로 팔릴 수 있다. 보내진 플라스틱은 대부분 재활용되지만 운송 과정에서 오염된 것은 소각되거나 매립된다.

2017년 말 중국은 더 이상 다른 나라의 플라스틱 폐기물을 수입하지 않겠다고 발표했다. 중국 내 플라스틱 생산량이 늘면서 더 이상 다른 나라의 플라스틱까지 처리할 수 없기 때문이다. 유럽과 북미 국가들은 이제 쓰레기를 버릴 다른 장소를 찾아야 한다. 이미 자국에서 발생하는 플라스틱 쓰레기만으로도 큰 어려움을 겪고 있는 일부 동남아시아 국가에 유럽과 북미의 쓰레기가 유입된다면 그들의 폐기물 처리 시설은 한계에 도달할 것이다.

그렇기 때문에 어떤 나라가 플라스틱을 바다에 더 많이 배출한다고 해서 무작정 비난할 수는 없다. 플라스틱을 더 많이 배출하게 된 데에는 여러 요소가 작용했을 것이다. 이를테면 쓰레기 수입 국가들은 배출되는 쓰레기양이 많을 수밖에 없다.

상수도가 위생적이지 않아 플라스틱 병에 든 생수를 마셔야 하는 국가도 있다. 천재지변으로 사회기반시설이 무너졌을 수도 있다. 기업이 국가의 폐기물 처리 시설로는 감당할 수 없을 만큼 엄청난 양의 플라스틱을 생산하면서도 플라스틱을 줄이기 위한 투자는 제대로 하지 않는 것도 문제다.

2015년 〈사이언스Science〉 지에서 발표한 해양오염 국가 순위에서 3위를 차지한 필리핀을 예로 들어보자. 2017년 그린피스와 '브레이크프리프롬플라스틱Break Free From Plastic'(2016년부터 전 세계 약 1,300개의 환경단체가 연합한 캠페인 단체-옮긴이)은 마닐라 만Manila Bay을 청소하면서 수거한 5만 4,620개의 플라스틱 조각을 상표별로 분류했다. 가장 많이 나온 다섯 곳의 기업 중 세 곳은 유명 다국적기업인 유니레버Unilever, 네슬레Nestlé, 프록터 앤 갬블Procter & Gamble이었다. 선진국에서는 지속가능한 기업이라는 이미지를 얻으려 끊임없이 노력하는 이 기업들은 지구 반대편에서는 심각한 환경오염을 일으키고 있다.

가장 큰 문제가 되는 품목 중 하나는 일회용 샴푸나 패스트푸드점에서 제공하는 케첩처럼 작은 비닐로 개별 포장된 액체 제품이다. 샴푸와 같은 액체 소비재를 소량으로 개별 포장하여 팔면 싸게 팔 수 있다. 하지만 포장재를 엄청나게 생산하게 된다. 이런 포장 대부분은 플라스틱과 알루미늄이 섞인 얇은 필름으로 만들기 때문에 재활용이 되지 않는다. 재활용을 할 수 없으니 재활용 수거업체도 꺼리기 때문에 아무렇게나 버려지다가 결국 동남아시아 해안으로 흘러들어간다. 동남아시아 국가는 바다로 버려지는 플라스틱 쓰레기가 다른 지역보다 많기 때문에 플라스틱 공해의 주범으로 지목받는다. 그러나 개별 포장지를 생산하는 기업이 비난받는 경우는 드물다.

많은 기업이 소비자에게 일회용 제품 외에는 다른 선택지를 주지 않은 채, 사용한 제품을 처리할 계획도 세우지 않는다. 그뿐만 아니라 쓰레기를 처리할 수 있는 기반시설에도 투자하지 않는다. 수명이 다한 제품을 책임지지 않는 기업은 비난받아 마땅하다(폐차 처리업체나 폐가전제품 재활용업체처럼, 기업은 폐기물을 처리할 방안을 마련해야 한다). 아시아-태평양 경제협력체Asia-Pacific Economic Cooperation에 따르면 플라스틱 공해로 인해 동남아시아 국가 연합Association of South East Asian Nations 회원국이 해상운송, 관광, 어업에 입는 손해는 12억 달러가 넘는다. 동남아시아 해안가 마을의 주민은 매일 문 앞까지 밀려오는 플라스틱과 사투를 벌여야 한다.

플라스틱과 관련한 수치와 소식이 전 세계 곳곳에서 쏟아지고 있다. 정보가 물밀듯이 넘치면 혼란에 휩싸이기 십상이다. 언론은 끔찍한 플라스틱 위기 소식을 끊임없이 전하고, 과학자는 우리 눈앞에 놓인 혼돈을 밝히겠다며 앞다퉈 논문을 발표한다. 정치인과 기업인은 어떤 결단도 내리지 못한 채 정보의 홍수 속에서 허덕이고 있다. 정보가 너무 많으면 현실을 파악하는 데 오히려 방해된다. 따라서 일회용품에 의존하는 삶의 방식에서 벗어나도록 동료, 친구, 가족을 설득하는 데 도움이 될 중요한 수치 몇 가지를 추려봤다.

★ 숫자로 살펴보는 플라스틱 실태 ★

코카콜라는 매년 1,200억 개의 플라스틱 병을 만든다.

남태평양에 있는 헨더슨 섬은 아무도 살지 않는 무인도인데도 380억 개의 플라스틱 조각이 발견되었다.

해마다 3억 3,000만 톤의 플라스틱이 생산된다.

매년 1,270만 톤의 플라스틱이 바다로 흘러들어간다.

영국 맨체스터에 위치한 강에는 1제곱미터당 50만 개의 플라스틱 조각이 있는 것으로 밝혀졌다. 이제까지 조사된 지역 중 가장 높은 비율이다.

바다로 흘러들어간 플라스틱 병이 분해되기까지 450년이 걸린다.

플라스틱은 111년 전에 처음 발명되었다.

바닷새 중 90퍼센트가 소화기관에 플라스틱이 존재한다.

해양 플라스틱 중 80퍼센트는 육지에서 왔다.

비닐봉지는 53년 전에 처음 생산되었다.

1분마다 쓰레기차 한 대 분량의 플라스틱이 바다로 흘러들어간다.

티자 마피라Tiza Mafira는 '인도네시아 비닐봉지 줄이기 캠페인 협회Gerakan Indonesia Diet Kantong Plastik' 이사로 활동하며 여러 단체와 함께 플라스틱 공해와 싸우고 있다.

당신은 누구인가?

내 이름은 티자 마피라이며, '인도네시아 비닐봉지 줄이기 캠페인 협회'에서 이사로 일하고 있다.

왜 플라스틱 문제에 관심을 갖는가?

내가 사는 자카르타에서는 플라스틱이 강과 저수지의 흐름을 막는다. 우리 협회가 강을 청소할 때마다 가장 많이 나오는 쓰레기 역시 플라스틱이다. 수백 년이 걸려야 분해되는 물질을 한 번 쓰고 버리다니 정말 끔찍하다. 인류는 아주 오랫동안 플라스틱 없이 살았다. 지금처럼 플라스틱에 의존하는 것은 지나쳐 보인다.

우리가 어떻게 하면 좋겠는가?

일회용 플라스틱을 사용하지 말아야 한다. 비닐봉지, 빨대, 플라스틱 컵을 건네받을 때마다 거절하라.

이제까지 목격한 플라스틱 오염 중 가장 심각한 사례는 무엇인가?

자카르타를 관통하는 칠리웡 강Ciliwung River 강둑에는 플라스틱 쓰레기가 2~3미터 높이로 쌓여 있다. 폭우가 내려 수위가 높아질 때마다 모인 플라스틱이 진흙과 섞여 서서히 층을 이룬 것이다. 이곳의 플라스틱 쓰레기는 치울 방법이 없다.

플라스틱을 줄이기 위한 여러 노력 중 최고의 해결책은 무엇인가?

규제다. 일단 규제를 마련하고 시행하면 플라스틱 쓰레기는 급격하게 줄어든다. 일회용 플라스틱을 금지한 국가와 도시 대부분이 그랬다. 내가 속한 〈비닐봉지 줄이기 캠페인 협회〉의 노력으로 2016년에 6개월 동안 비닐봉지 유료 판매 제도가 시범적으로 이루어졌는데, 당시 비닐봉지 사용량이 55퍼센트 감소했다. 이후 반자르마신Banjarmasin 시는 인도네시아에서 처음으로 비닐봉지 사용을 공식적으로 금지했고, 얼마 지나지 않아 반자르마신의 비닐봉지 사용량은 80퍼센트 감소했다.

플라스틱을 줄이기 위해 어떤 실천을 하는가?

에코백과 텀블러를 항상 갖고 다닌다. 비닐봉지, 플라스틱 병, 일회용 컵, 빨대, 마이크로비즈가 포함된 화장품, 스티로폼으로 포장된 음식을 멀리한다. '인도네시아 비닐봉지 줄이기 캠페인 협회'의 공동 설립자로서 인도네시아 정부에 플라스틱을 줄일 수 있는 정책도 요구하고 있다.

플라스틱 문제 중에서 가장 화가 나는 것은 무엇인가?

거의 모든 제품이 플라스틱으로 포장되어 있어 플라스틱을 안 쓰는 것이 불가능한 현실이다. 정부가 '국민이 아직 준비가 안 되었다'라는 핑계를 대면서 플라스틱 줄이기 정책을 펴는 데 주저하는 것도 화가 난다. 행동할 사람들의 능력이 결코 부족하지 않은데도 말이다.

플라스틱을 줄이기 위해 할 수 있는 일은 무엇인가?

내가 여러 정책을 연구해보니, 플라스틱 줄이기 정책은 단계적으로 시행해야 성공확률이 높다. 우선 비닐봉지, 빨대처럼 상점이나 음식점에서 제공하는 플라스틱부터 시작하는 게 좋다. 우리가 실제로 소비하는 상품과 별개로 사용하는 플라스틱은 꼭 필요한 물건이 아니기 때문에 쉽게 줄일 수 있다. 식품이나 샴푸와 같은 일용소비재의 포장은 그다음이다. 일용소비재의 포장을 혁신적으로 개선하기 위해서는 더 큰 노력이 필요하기 때문이다.

플라스틱을 줄이는 데 가장 큰 어려움은 무엇인가?

플라스틱업계와 석유화학업계의 반발이다.

플라스틱을 줄일 수 있는 가장 큰 기회는 무엇인가?

인도네시아 정부는 오랜 기간 동안 준비한 비닐봉지 유상판매 제도를 이제 전국적으로 시행해야 한다. 또한 플라스틱 용기나 비닐봉지를 사용하지 않고 손님이 알아서 물건을 포장해가는 가게가 전 세계적으로 늘어나야 한다.

이제까지 접한 개인이나 기업의 플라스틱 줄이기 노력 중 특히 인상적인 사례는 무엇인가?

쓰레기 없는 삶을 실천하는 모든 사람에게 큰 감명을 받는다. 난 그런 삶을 살지 못하고 있다.

제3장

전 세계적인 플라스틱 반대 운동

바다로 흘러들어온 플라스틱이 높은 파도를 이루는 장면을 보면 절망감에 휩싸이곤 한다. 환경운동가로 살려면 절망감에서 빨리 벗어나는 방법을 터득해야 한다. 그렇지 않으면 절망의 늪에 쉽게 빠지기 때문이다. 인류가 지구를 과거와 완전히 다른 모습으로 더럽혔다는 사실은 좀처럼 받아들이기 힘들다. 하지만 비관주의가 엄습하더라도 극복할 방법은 있다. 좌절감을 느낄 때마다 주변 사람들을 바라보며 힘을 얻는 것이다. 다양한 직업의 사람들이 수많은 단체에서 일하며 더 나은 세상을 만들기 위해 지치지 않고 노력한다.

누구나 변화를 일으킬 수 있다. 그 사실을 이제 막 깨닫고 행동에 나서기 시작한 사람들 역시 나에게 용기를 준다. 그들을 보며 내가 어떤 일을 할 수 있는지 생각한다. 기나긴 하루 끝에 찾아오는 회의감을 이겨내는 최고의 방법은 플라스틱 줄이기에 동참하는 사람들과 어떻게 함께할 것인지 계획을 짜는 것이다.

나날이 퍼져가는 플라스틱 반대 운동에서 난 많은 영감을 얻는다. 인터넷만 잠깐 둘러봐도 세계 곳곳의 열정적인 사람들의 이야기를 쉽게 접할 수 있다. 기업과 정부가 사람들의 우려에 귀 기울이고 플라스틱 줄이기 대책을 마련했다는 사례도 무수히 많다. 이제부터는 내가 접한 인상적인 이야기를 소개하고자 한다.

각국의 비닐봉지 규제

비닐봉지는 플라스틱 공해의 상징이 되었다. 과학자들에 따르면 비닐봉지는 평균 15분 동안 사용되지만 분해되는 데는 500~1,000년이 걸린다. 다른 모든 플라스틱 제품과 마찬가지로 비닐봉지도 등장한 지 얼마 안 되었다. 쉰이 넘은 사람이라면 비닐봉지가 널리 쓰이지 않았던 때를 기억할 것이다. 이제는 전 세계 해변 어디를 가더라도 쉽게 눈에 띄는 비닐봉지는 일회용 플라스틱이 일으키는 부작용의 전형이 되었다. 이러한 상황에서 많은 국가가 비닐봉지를 규제하기 시작한 건 그리 놀랍지 않다. 2002년 방글라데시를 시작으로 지난 몇 년 동안 전 세계 모든 대륙에서(사람이 살지 않는 남극대륙은 제외하고) 비닐봉지 규제 붐이 일었다.

플라스틱을 줄이기 위한 모든 법적 노력과 마찬가지로, 비닐봉지 규제 역시 강제성이 있어야 한다. 비닐봉지 규제를 제대로 시행한 곳에서는 그 효과가 엄청났다. 가령 미국 다음으로 비닐봉지를 가장 많이 사용하는 모로코는 2016년 여름 엄격한 비닐봉지 규제법을 시행한 이후 500톤에 달하는 비닐봉지가 회수되었다. 여러 국가와 도시가 비닐봉지를 규제하기 시작한 후, 바다로 흘러들어가는 플라스틱 양이 변화의 조짐을 보이고 있다.

일회용 플라스틱에 대한 규제

비닐봉지 규제에 만족하지 않고 모든 일회용 플라스틱을 금지하려는 지역도 있다. 펠리컨과 바다사자 군락이 해안가에서 장관을 이루는 샌프란시스코는 플라스틱 병, 비닐로 만든 땅콩 포장지, 빈백beanbag(커다란 포대 같은 천에 작은 플라스틱 조각을 채워 만든 소파-옮긴이)을 채우는 플라스틱 조각 등을 금지하며 플라스틱 규제에 앞장서고 있다.

인도 남부에 위치한 카르나타카Karnataka 주는 한 걸음 더 나아가 비닐봉지, 비닐 재질의 현수막, 플라스틱 식기를 포함해 모든 일회용 플라스틱을 금지했다. 법안이 통과된 지 얼마 되지 않아 효과적인 시행 방안을 아직 찾는 중이지만 카르나타카

주 정부가 던지는 메시지는 강력했다. 우리가 버린 플라스틱 쓰레기를 미래 세대에 떠넘겨서는 안 된다는 것이다.

앤티가 바부다는 스티로폼 용기를 금지했고, 세이셸과 프랑스는 플라스틱 수저, 칼, 포크를 금지했으며, 수많은 나라가 마이크로비즈를 규제하고 있다. 일회용 플라스틱에 대한 전 세계 정치인의 관심이 급증하는 상황에서, 규제는 플라스틱 위기를 극복하는 가장 신속하고 효과적인 대책이다.

193개국, 플라스틱 문제를 인정하다

최근 몇 년 동안 일어난 가장 흥미로운 사건 중 하나는 2017년 12월 193개 국가의 대표들이 케냐 나이로비에 모여 플라스틱 문제를 논의한 것이다. 회의가 끝난 후 참석자들은 점점 심각해지는 플라스틱 문제를 해결하기 위해 즉시 행동에 나서겠다는 공동선언문을 발표했다.

구체적인 방안을 제시하지 않은 그저 의례적인 절차라는 비난을 받았지만 공동선언문 발표는 분명 환영할 일이다. 나와 한때 그린피스에서 같이 근무하면서 기후변화 회의를 기획했던 동료는 UN에서 공동선언문이 발표되는 것은 기적에 가깝다고 말했다. 국가끼리 이해가 충돌하면 한 치도 양보하지 않는데, 거의 200개 국가가 모여 서로 이견을 내세우지 않고 무언가에 동의하는 것은 인류 화합의 정수라고 부를 만하다. 공동선언문이 발표되었을 때 39개 국가는 해양 플라스틱을 줄이기 위한 구체적인 계획을 약속했다. 국제사회가 공동선언문을 기회 삼아 플라스틱에 대해 과감한 행동에 나선다면 더할 나위 없겠지만 문제를 인정한 것만으로도 중요한 첫걸음을 내디딘 것이다.

플라스틱 없는 삶을 실천하는 사람들

플라스틱 없는 삶을 실천하면서 경험할 수 있는 도전과 기회를 들려주는 감동적인 이야기는 무수히 많다. '일주일 동안 플라스틱 없이 살기 캠페인'에 동참하는 가족이 늘고 있고, 150여 개 국가에서 200만 명도 넘는 사람이 '플라스틱 없는 7월 캠페인'에 동참하고 있다.

대부분의 사람은 여러 가지 이유에서 플라스틱 없는 삶을 실천하기가 거의 불가능하다. 시간과 돈이 문제일 수도 있고 어쩔 수 없이 플라스틱을 써야 하는 곳에 살고 있는 경우도 있다. 그럼에도 불구하고 수많은 사람이 이 어려운 도전에 뛰어들고, 자신의 체험을 온라인에 기록한다. 그들의 노력은 언제나 우리에게 용기를 불어넣는다. 당신이 이 책에서 풀지 못한 궁금증이 있다면 세계 다양한 사람들이 블로그, 인스타그램, 페이스북을 통해 답해줄 것이다.

구체적인 방법을 소개한 블로그

이 책은 플라스틱 사용을 줄이는 방법과 주변 사람들을 설득하는 방법을 다양하게 소개한다. 하지만 더 많은 정보를 원한다면 다음에 소개된 블로그에서 플라스틱 없는 삶에 대해 훌륭한 조언을 얻자.

● **플라스틱 없는 7월**Plastic Free July

7월 한 달 동안 플라스틱 사용을 줄이는 전 세계적인 캠페인이다. 흥미로운 이야기, 유용한 정보, 용기를 주는 조언이 가득하다. 당신도 돌아오는 7월에 동참하겠는가?

● **베스 테리 – 플라스틱 없는 나의 생활**Beth Terry – My Plastic-Free Life

베스의 블로그는 플라스틱 없는 삶을 시작하는 100가지 방법을 소개한다. 사람들이 일주일 동안 자신이 버린 플라스틱 쓰레기의 사진을 찍어 올려 플라스틱 줄이기 노력의 성과를 가늠하도록 하는 매우 흥미로운 이벤트도 진행한다.

● **앤 마리 – 쓰레기 제로 요리사**Anne Marie – The Zero-Waste Chef

요리는 좋아하지만 플라스틱으로 포장되지 않은 재료를 찾지 못하겠다면 앤 마리의 다양한 플라스틱 제로 조리법을 참고하라.

플라스틱을 줄이는 아이디어와 조언을 서로 나눈다면,
우리는 목표에 한걸음 더 다가갈 수 있다.
난 당신이 어떻게 플라스틱을 적게 사용하고,
어떤 대안을 찾았는지 듣고 싶다.
#브레이크프리프롬플라스틱 홈페이지에서
경험을 나누어보자.

#BreakFreeFromPlastic

그린피스 활동가인 루이스 에지Louise Edge는 지난 수년 동안 플라스틱 문제를 파헤치는 데 거의 모든 시간을 쏟고 있다. 기업 중역실에서 플라스틱으로 오염된 마을에 이르기까지, 플라스틱 문제와 관련된 곳이라면 어디든 찾아간다.

당신은 누구인가?

내 이름은 루이스 에지이며, 그린피스에서 해양 운동가로 활동하고 있다.

왜 플라스틱 문제에 관심을 갖는가?

플라스틱이 자연을 얼마나 오염시키는지 알기 때문이다. 강이든, 북극의 빙하이든, 해산물이든, 과학자가 관찰한 모든 곳에서 미세 플라스틱 조각이 발견되었다. 먹이사슬 바닥에 있는 작은 플랑크톤부터 거의 꼭대기에 있는 거대한 고래까지 모든 생명체가 플라스틱 오염물질을 먹는다. 플라스틱은 야생생물을 죽일 뿐 아니라 우려스러운 방식으로 행동양식도 변화시킨다. 인간이 플라스틱 입자에 노출될 때 발생할 수 있는 건강 문제 역시 진지하게 생각해봐야 한다. 석유로 만든 플라스틱은 각종 화학첨가물을 포함하고 있고 그중 일부는 독성을 띤다. 우리는 알게 모르게 이러한 위험한 물질을 먹고 있다.

우리가 어떻게 하면 좋을까?

바다 플라스틱 오염의 주범인 일회용 플라스틱 포장을 조금이나마 줄이기 위해 개인이 일상에서 실천할 수 있는 작은 변화는 무수히 많다. 하지만 문제를 근본적으로 해결하려면 대기업과 정부가 나서서 플라스틱 포장을 대대적으로 줄여야 한다. 그러므로 기업과 정부에 우리가 변화를 원한다는 사실을 알려야 한다. 소셜 미디어를 활용해도 좋고, 상점이나 음식점에서 직원과 직접 대화해도 좋다. 지역 정치인을 만날 기회가 있다면 놓치지 마라. 플라스틱 포장이 없는 물건을 선택하는 현명한 소비 습관도 우리의 뜻을 알릴 수 있는 방법이다.

이제까지 목격한 플라스틱 오염 중 가장 심각한 사례는 무엇인가?

2016년 마닐라 만의 바닷새 군락인 프리덤 아일랜드Freedom Island에 갔을 때, 해변이 플라스틱 포장 쓰레기로 빼곡하게 덮여 있었다. 1미터 정도 땅을 팠는데도 플라스틱 쓰레기가 모래와 섞여 계속 나왔다. 바다에는 죽은 물고기, 새 들 옆으로 플라스틱 쓰레기가 떠다녔다. 그야말로 절망스러운 경험이었다. 지역 자원봉사자와 해변을 청소했지만 소용없는 일이었다. 하루만 지나면 요란한 색깔의 플라스틱 포장들이 또 다시 밀려왔다. 그때 문제가 얼마나 심각한지 뼈저리게 느꼈고, 네슬레와 유니레버와 같이 플라스틱 포장을 생산하는 대기업이 행동해야만 문제를 해결할 수 있음을 깨달았다.

플라스틱을 줄이기 위한 여러 해결책 중 최고의 방법은 무엇인가?

가장 효과적이면서도 가장 쉬운 해결책은 덜 사용하는 것이다. 제품을 과대포장하지 말고 가능하면 재사용할 수 있는 포장재를 사용해야 한다. 어쩔 수 없이 일회용 포장재를 만들어야 한다면 재활용할 수 있는 재료를 써야 한다. 바다나 매립지에서 영원히 사라지지 않을 재료는 피해야 한다.

플라스틱을 줄일 수 있는 방법은 무엇인가?

플라스틱은 이제 어디에나 있기 때문에 우리 삶에서 완전히 배제하기란 어렵다. 하지만 플라스틱을 줄이기 위해 쉽게 실천할 수 있는 방법이 있다. 나는 텀블러를 항상 갖고 다니고 쇼핑백을 버리지 않고 다시 쓴다. 액체로 된 세안제, 샤워젤, 샴푸 대신 플라스틱으로 포장되지 않은 고체 제품을 쓴다. 러쉬Lush는 고체 목욕제품을 판매하는 대표적인 브랜드다. 주방세제나 욕실세제 대신 옛날처럼 베이킹소다와 붕산을 사용한다. 난 탄산수를 아주 좋아하는데 1970년대에 인기를 끌었던 가정용 탄산수 제조기를 샀더니 플라스틱 분리수거함에 버리는 쓰레기가 엄청나게 줄었다!

플라스틱 문제에서 어떤 일이 가장 화가 나나?

배 속에 플라스틱이 가득 차 해안가로 떠밀려온 죽은 향유고래처럼, 플라스틱 공해로 고통받는 해양생물 사진을 볼 때마다 화가 난다. 하지만 정말 참을 수 없는 건 '그린워시greenwash'(그린green과 세뇌를 뜻하는 브레인워시brainwash가 조합된 신조어로, 환경에 유해한 제품을 친환경적인 것처럼 광고하는 행태를 의미함–옮긴이)다. 기업은 석유가 아닌 식물에서 유래한 '바이오' 플라스틱이 '친환경적'이라고 말하지만 사실은 다르다. 또한 '재활용' 표시가 된 제품 중 상당수는 성분이 매우 복잡해 재활용하는 데 비용이 너무 많이 들기 때문에 실제로는 거의 재활용되지 않는다. 이러한 플라스틱 제품은 절대 시장에 나와서는 안 된다. 그린워시를 목격할 때마다 화가 치솟는다!

플라스틱 줄이기의 가장 큰 어려움은 무엇인가?

엑슨 모빌Exxon Mobil과 쉘Shell처럼 플라스틱을 만들어 큰돈을 벌고 있는 거대기업이 플라스틱 포장의 원자재를 생산하는 첨단 크래킹cracking(석유를 분해하여 에틸렌, 프로필렌 등 플라스틱 재료를 얻는 공정–옮긴이) 기술에 엄청난 돈을 퍼붓고 있다. 어마어마한 재력을 지닌 이들은 플라스틱 포장에 반대하는 세계적 흐름을 거스르며 자신들이 옳다고 주장한다. 사람들이 변화를 간절히 원하기 때문에 이러한 기업이 원하는 바를 이루지는 못하겠지만, 이들을 저지하는 일이 쉽지는 않을 것이다.

플라스틱을 줄일 수 있는 가장 큰 기회는 무엇인가?

'이젠 그만할 때가 되었다'라고 말하는 사람들이다. 그들은 기업에 일회용 플라스틱 포장을 줄이라고 요구하고, 정치인을 압박해 플라스틱 포장 규제 법안이 만들어지도록 한다. 전 세계에서 이런 일이 일어나고 있다. 점점 많은 사람이 플라스틱 공해는 인류가 지난 반세기 동안 무분별하게 행동해서 일어난 문제이고 반드시 해결할 수 있다는 사실을 깨닫고 있기 때문이다. 플라스틱 포장이 없던 때에도 세상은 돌아갔고, 플라스틱 포장이 없는 시대가 다시 오더라도 인류는 계속 존재할 것이다. 플라스틱이 없는 세상을 만드는 것이 쉽진 않겠지만 우리가 진정으로 원한다면 충분히 해낼 수 있다. 난 이러한 사실에서 큰 힘을 얻는다.

이제까지 접한 개인이나 기업의 플라스틱 줄이기 노력 중 특히 인상적인 사례는 무엇인가?

마닐라에 있는 쓰레기 제로 마을에 갔을 때 큰 충격을 받았다. 한때는 쓰레기 포대가 말 그대로 거리를 덮을 정도로 쓰레기가 엄청나게 버려졌다고 한다. 더 이상 견딜 수 없던 주민들이 재활용 센터를 세우고 쓰레기를 줄이기 위한 지원망을 구축했다. 그러자 매립지로 보내는 쓰레기가 눈에 띄게 감소하기 시작했고, 나중에는 하루 평균 4포대의 쓰레기만 나왔다. 그중 대부분은 기저귀였다. 기저귀를 뺀 거의 모든 쓰레기가 재활용된 것이다. 정말 놀랍지 않은가!

제4장

플라스틱 없는 삶의 시작

앞에 나온 이야기들에서 한 가지 공통점을 찾는다면 플라스틱과의 싸움에서 거둔 모든 승리는 개인이나 집단이 이제 행동할 때라고 결심하면서부터 시작됐다. 개인의 행동이 커다란 변화를 일으킬 수 있을지 의구심이 들지도 모른다. 그렇다면 서유럽이나 북미 지역의 사람들이 매년 자신의 몸무게보다 무거울 만큼 많은 양의 플라스틱을 사용한다는 사실을 떠올려보라. 플라스틱 병 하나 또는 일회용 컵 하나를 덜 써서 줄인 플라스틱

> 플라스틱과의 싸움에서 거둔 모든 승리는
> 한 사람이나 몇몇 사람이
> 이제 행동할 때라고 결심하면서부터 시작됐다.

발자국은 대양에서 단 하나의 물방울에 불과하겠지만, 그러한 작은 행동이 주변에 전달하는 메시지는 강력하다. 대양이 아무리 크더라도 결국 수많은 물방울이 모여야 존재할 수 있다.

우리가 삶에서 실천하는 변화는 다른 사람들과 소통할수록 훨씬 큰 파장을 일으킨다. 정치인이나 기업인도 사람이다. 왜 우리가 플라스틱을 원하지 않는지, 왜 플라스틱을 줄이라고 요구하는지 계속 설명해야 그들을 설득할 수 있다. 인간은 가족, 친구, 동료와 사회적 관계망을 형성하는데, 기술이 발전하면서 이런 관계망과 소통하는 것이 그 어느 때보다도 쉬워졌다. 소통이야말로 우리의 가장 강력한 무기다. 이 책을 읽는 동안 그리고 플라스틱 없는 삶을 실천하는 동안 반드시 기억하라. 우리가 어떤 행동을 하고 왜 그런 행동을 하는지 듣는다면 다른 사람들 역시 함께할 것이다!

집에서 플라스틱을 사용하지 않는 방법

플라스틱을 줄여야 하는 이유도 알았으니 이제 행동할 차례다. 다음 장부터는 플라스틱 발자국을 줄일 여러 방법이 소개된다. 그전에 한 가지 명심해야 한다. 모든 걸 한 번에 바꾸려는 욕심을 내어서는 안 된다는 것이다!

새해에 스무 개가 넘는 계획을 세우다가는 결국 하나도 이루지 못하는 것처럼, 과욕은 실패를 부른다. 서두르지 않는 꾸준한 자세가 중요하다. 일주일 단위로 어떤 제품을 사용해야 하고 어떤 제품은 사용하지 않아야 하는지 정하자. 가장 좋은 출발점은 욕실이다.

* 플라스틱 포기 선언 *

이제까지 소개된 수많은 사람의 노력과 그들이 펼친 캠페인에 감동을 받았다면, 플라스틱을 포기하는 방법들을 본격적으로 알아보기 전에 우선 플라스틱 포기 선언을 해보자.

오늘부터 난 플라스틱을 포기하기로 선언한다. 어렵고 긴 여정일 것이고, 어쩔 수 없이 플라스틱을 써야 하는 상황에 부딪힐 테지만, 아래의 약속들을 지키기 위해 언제나 최선을 다할 것이다.

- 플라스틱 빨대, 비닐봉지, 일회용 컵, 플라스틱 병 같은 플라스틱을 거절할 수 있다면 반드시 거절한다.
- 가능하면 플라스틱으로 만들지 않은 물건을 사용해 플라스틱 발자국을 줄인다.
- 어쩔 수 없이 플라스틱 용기를 사용했다면 버리지 않고 재사용한다.
- 가능한 한 모든 물건을 재활용하거나 리폼한다.
- 내가 실천하는 플라스틱 줄이기 노력을 모든 사람에게 알리고 그들을 동참시킨다!

서명 : 날짜 :

#플라스틱제로 #BreakFreeFromPlastic

플라스틱을 줄이려는 노력에 수많은 사람이 앞장서고 있지만 그중에서도 특별한 감동을 선사하는 이들이 있다. 14살 에이미 미크Amy Meek와 그녀의 동생 12살 엘라 미크Ella Meek는 '플라스틱에 반대하는 어린이 모임Kids Against Plastic'을 설립했다. 둘은 뉴스 프로그램에 출연해 사람들에게 플라스틱을 왜 줄여야 하는지를 알린다.

왜 플라스틱 문제에 관심을 갖는가?

플라스틱 공해는 미래 세대인 우리가 떠안을 문제다. 그 유산이 되도록 적으면 좋겠다. 우리는 '플라스틱에 반대하는 어린이 모임'을 설립하고 플라스틱 공해 주범 네 가지(일회용 컵과 컵 뚜껑, 빨대, 페트병, 비닐봉지)에서 나온 조각을 10만 개 줍는 캠페인도 시작했다. 매년 10만 마리의 바다 포유류가 플라스틱 때문에 죽기 때문이다.

커피숍, 회사, 학교뿐 아니라 지역의회를 대상으로 일회용 플라스틱 사용을 자제하고 재사용이 가능한 물건으로 대체하도록 요구하는 '플라스틱 줄이기Plastic Clever' 캠페인도 벌이고 있다. 플라스틱에 대한 이야기를 널리 퍼트리기 위해 TEDx와 같은 강연회도 열고 여러 학교를 방문해 워크숍도 진행했다. '플라스틱에 반대하는 어린이 모임'의 회원들은 영국 전역에서 활동하고 있다.

우리가 어떻게 하면 좋을까?

우리 주변에서 흔히 접할 수 있는 일회용 플라스틱부터 멀리해야 한다(플라스틱 컵과 뚜껑, 빨대, 페트병, 비닐봉지).

이제까지 목격한 플라스틱 오염 중 가장 심각한 사례는 무엇인가?

스코틀랜드에 있는 애로카Arrochar라는 마을은 큰 호수의 가장자리에 위치해 있는데, 엄청난 플라스틱이 호숫가로 밀려들어 온다. 애로카의 플라스틱 쓰레기를 보면서 플라스틱 공해가 얼마나 심각한지 알게 되었다. 주민들은 자신이 버리지 않은 쓰레기 때문에 고통받고 있었다. 끊임없이 밀려오는 플라스틱 물결에 좌절했지만, 여전히 한 달에 한 번씩 호숫가를 청소한다. 우리가 버리는 플라스틱은 사진이나 뉴스에 나오는 것처럼 개발도상국만 괴롭히는 것이 아니다. 지구 곳곳이 영향을 받고 있다.

플라스틱을 줄이기 위한 여러 해결책 중 최고의 방법은 무엇인가?

여러 번 쓸 수 있는 물건을 사용하는 것이다. 커피숍에 텀블러를 가져가면 음료값을 할인받을 수 있으니 돈도 절약된다!

플라스틱을 줄이기 위해 어떤 실천을 하는가?

일회용 플라스틱 중에서 가장 큰 공해를 일으키는 일회용 컵과 뚜껑, 빨대, 페트병, 비닐봉지는 되도록 쓰지 않는다.

플라스틱 문제에서 어떤 일이 가장 화가 나는가?

쓸데없는 포장이다! 포장하지 않아도 되는 물건까지 포장되고 있다. 슈퍼마켓에 가면 신선한 과일이나 채소가 비닐로 겹겹이 쌓여 있을 때가 많다.

소비자에게 포장되지 않은 상품을 선택할 기회조차 주지 않을 때 정말 화가 난다!

플라스틱을 줄일 수 있는 조언을 해준다면?

작은 일부터 시작하자! 일회용 플라스틱을 거절하는 것만으로도 생각보다 큰 도움이 될 수 있다.

플라스틱을 줄이는 데 가장 큰 어려움은 무엇인가?

우리가 일회용 포장에 지나치게 의존한다는 사실이다. 플라스틱에 의존하는 습관에서 벗어나기 위해서는 노력이 필요하다!

플라스틱을 줄일 수 있는 가장 큰 기회는 무엇인가?

플라스틱 병에 든 생수 판매를 줄이는 것이다. 수돗물이 안전한 국가에서는 플라스틱에 든 물을 살 필요가 없다!

가장 좋아하는 바다 생물체는 무엇인가?

고래다. 고래의 지능과 공감능력이 얼마나 뛰어난지 알고 나면 누구나 놀랄 것이다. 동물도 인간처럼 지능이 있고 서로 공감한다는 사실을 우리는 종종 잊는다. 〈블루 플래닛 II〉를 본 많은 사람이 충격을 받은 것도 그 때문이다. 이 글로벌 다큐멘터리는 플라스틱이 아름다운 생명체들에게 얼마나 끔찍한 영향을 미치는지 알려준다.

제5장

플라스틱 없는 욕실 만들기

욕실 선반이나 욕조 모서리에 플라스틱 용기가 한가득 늘어서 있을 것이다. 다 쓰고 나면 버려질 물건들이다. 욕실 공간을 잔뜩 차지한 플라스틱을 어떻게 없앨지 알아보자.

리필 제품

플라스틱 용기에 들어 있는 샴푸, 컨디셔너, 핸드크림 등은 일주일에서 한 달가량 쓰고 난 뒤 교체된다. 플라스틱을 덜 쓰려는 사람이 많아지면서 대용량 리필 제품에 대한 수요가 늘고 있다. 대용량 제품을 구매한 다음 용기가 비워졌을 때 채워 넣으면 된다. 고객이 용기를 판매점에 직접 들고 가 리필을 받는 서비스도 있다.

생활용품 전문점에 가면 여러 번 쓸 수 있는 펌프 용기를 구매할 수 있다. 닐스야드 레머디스Neal's Yard Remedies(영국의 유기농 화장품 회사-옮긴이)의 파란 병처럼, 전에 썼던 근사한 용기를 다시 사용할 수도 있다. 주변에 제품을 리필해주는 상점이 있다면 더할 나위 없다. 친환경 욕실 제품과 세제를 판매하는 에코버Ecover와 같은 기업은 협약을 맺은 슈퍼마켓 체인과 직영 매장에 공병을 가져온 고객에게 제품을 리필해주고 있다. 하지만 직접 리필을 받을 수 있는 곳은 아직 많지 않으므로, 가까운 도매점이나 온라인에서 대용량 제품을 구매하자. 집에 여유 공간이 있다면 몇 달(가능하다면 그 이상) 분량이 들어 있는 5~10리터 제품을 구매한 뒤 리필 용기에 채워가며 쓰자.

바디숍Body Shop에서는 한때 리필 판매를 했으나 수요가 적어 중단했다. 제품을 리필 받고 싶은 브랜드가 있다면, 매장에 가서 리필 제품을 판매하지 않을 경우 고객을 잃을 수 있다고 알리자. 리필 판매 방식은 그리 어려운 일이 아닌데도 아직 찾아보기 힘들다. 마음에 드는 리필 제품이 없다면 플라스틱으로 포장하지 않은 고체 비누나 고체 스크럽을 사용해보자.

고체 제품

욕실에서 플라스틱 사용을 줄이기 위해 많은 사람이 고체로 된 샴푸나 비누에 눈을 돌리고 있다. 러쉬 같은 유명 브랜드부터 수많은 온라인 브랜드에 이르기까지, 고체 비누와 샴푸가 다시 인기를 끌고 있다. 고체 제품을 구매한다면 플라스틱이 아닌 재사용이 가능한 알루미늄 통이나 종이 박스로 포장되어 있는지 확인하라.

욕실에서 플라스틱을 퇴출하는 가장 간단한 방법은 액체 제품과 결별하는 것이다. 데오도런트의 경우 고체나 크림으로 된 다양한 제품이 판매되고 있으며, 엣시Etsy와 같은 친환경 생활용품 판매점에서 천연 데오도런트를 구매할 수 있다.

샤워 타월

플라스틱 없이 비누칠을 하는 방법은 간단하다. 샤워 타월을 쓰지 않는 것이다. 실제로 의사들은 샤워 타월이나 스펀지는 제대로 관리하지 않으면 세균이 증식하기 때문에 쓰지 않는 게 좋다고 말한다. 스펀지나 샤워 타월 대신 슈퍼마켓 채소 코너에서 수세미를 산 뒤 말려서 사용하는 방법도 있다.

마이크로비즈 제품 사용하지 않기

용기뿐 아니라 내용물 역시 중요하다. 최근까지도 마이크로비즈에 대해 들어본 사람은 거의 없었지만, 세안제, 샤워젤, 화장품에 첨가된 마이크로비즈의 유해성이 알려지면서 많은 나라에서 규제하기 시작했다. 마이크로비즈는 개발되자마자 수많은 제품에 사용되었다. 기업들이 치약, 선크림, 색조 화장품, 세안제, 손 세정제 등 여러 제품에 살구씨 가루 같은 천연 재료 대신 마이크로비즈를 연마제나 각질 제거 성분으로 첨가했기 때문이다.

마이크로비즈를 규제하지 않는 국가에 살고 있는 독자들을 위해, 세수를 하고 이를 닦을 때마다 자신도 모르게 플라스틱 알갱이를 수천 개씩 흘려보내지 않을 방법을 소개하고자 한다. 마이크로비즈 사용을 전면 금지시키기 위해 여러 단체가 모여 결성한 '마이크로비즈 퇴치 캠페인Beat the Microbead'은 홈페이지에 마이크로비즈를 사용하지 않기로 약속한 기업 목록을 게재했다(www.beatthemicrobead.org). 욕실 제품을 구매할 계획이라면 이 목록을 확인하라.

욕실 선반에 이미 놓여 있는 제품이 괜찮은지 알아보기 위해서는 제품 라벨에서 다음 성분이 포함되었는지 확인하라.

- 폴리에틸렌PE
- 폴리프로필렌PP
- 폴리에틸렌 테레프탈레이트PET
- 폴리메틸 메타크릴산PMMA

- 폴리테트라플루오로에틸렌PTFE
- 나일론

구매한 제품에 마이크로비즈가 들어 있다면 판매자에게 돌려보내 환불을 요청하자. 환불을 받지 못하더라도, 소비자는 욕실에서 자신도 모르게 바다를 오염시키길 원치 않는다는 사실을 일깨워줄 수 있다.

면봉

스코틀랜드와 프랑스를 포함한 여러 지역이 마이크로비즈를 금지하고 얼마 지나지 않아 플라스틱 막대로 된 면봉도 규제하기 시작했다. 조만간 영국도 플라스틱 면봉을 규제할 예정이다. 영국의 대형마트 체인인 웨이트로즈Waitrose가 플라스틱 면봉 판매를 중단했을 때 약 21톤의 플라스틱 생산이 감소한 것으로 추산된다. 조그마한 물건치고는 꽤나 큰 수치다!

귀청소를 하거나 메이크업을 지울 때 면봉을 꼭 써야 한다면, 손잡이가 플라스틱이 아닌 대나무나 종이 소재로 된 친환경 제품을 찾아보라. 세계에서 가장 많은 면봉을 만드는 존슨앤 존슨Johnson & Johnson은 플라스틱을 사용하지 않겠다고 약속했다. 하지만 안타깝게도 모든 나라에서 약속한 건 아니다. 당신이 사는 국가에서 존슨 앤 존슨이 플라스틱 면봉을 판매하고 있다면 고객만족센터에 전화를 걸어 언제 중단할 계획인지 문의하라. 겉치레뿐인 조치를 그저 지켜만 봐서는 안 된다.

메이크업 제품

메이크업 제품은 조금 어려운 문제다. 팻 앤 더 문Fat and the Moon처럼 블러셔나 파운데이션을 알루미늄 용기에 담아 파는 브랜드도 있지만, 플라스틱 용기를 사용하지 않는 메이크업 제품을 찾기는 좀처럼 쉽지 않다. 평소 애용하던 브랜드를 포기하기 힘들다면 불만을 제기하자. 고객만족센터나 홈페이지를 통해 제품 포장이 고객의 기대에 미치지 못한다는 사실을 알리고 혁신적으로 포장하려 노력할 것을 요구하라.

한편 메이크업을 지우는 일은 훨씬 수월하다. 일회용 화장솜은 대부분 비닐이나 플라스틱으로 포장되어 있고 일부 제품에는 플라스틱 섬유가 포함되어 있다. 신 플라스티코Sin Plastico에서 만든 재사용이 가능한 화장솜이나 식물의 뿌리로 만들어서 자연 분해되는 곤약 스펀지처럼 다양한 대안을 시도해보자.

립밤

플라스틱 용기에 담기지 않은 립밤은 다행히 쉽게 구할 수 있다. 여러 유명 브랜드와 수백 개의 온라인 상점에서 알루미늄이나 자연 분해되는 튜브에 담은 립밤을 판매한다. 이런 제품을 이용한다면, 환경을 해치지 않고 마음 편히 입술을 촉촉하게 만들 수 있다.

구강 제품

구강 제품은 조금 어렵다. 마이크로비즈가 없는 치약을 찾더라도 플라스틱 튜브에 담기지 않은 것은 찾기 힘들다. 칫솔모가 플라스틱이 아닌 칫솔은 더더욱 구하기 어렵다. 플라스틱을 쓰지 않고 이를 닦을 수 있는 몇 가지 방법을 알아보자.

트루스페이스트Truthpaste와 지오가닉스Georganics에서는 병에 든 치약을 온라인으로 판매한다(안심하라. 병에 들었더라도 깨끗하게 닦인다!). 가루치약도 있다. 인류가 수 세기 동안 사용한 가루치약은 일반 치약만큼 효과가 뛰어나다. 여러 브랜드에서 가루치약을 병에 담아 판매하고 있지만, 환경 블로거 캐스린Kathryn이 운영하는 블로그(www.goingzerowaste.com)를 참고해 직접 만들 수도 있다.

수제 가루치약 만들기

- **자일리톨 1/4컵** : 천연 감미료인 자일리톨은 치아에 세균이 증식하는 것을 막고 입안의 산성도를 낮추어 충치를 예방한다.
- **베이킹소다 1/4컵** : 연마제 역할을 하는 베이킹소다(일반적으로 판매되는 치약의 연마제보다 입자가 곱다)는 치아에 있는 플라그를 제거하고, 이를 누렇게 하는 분자를 공격하며, 산성도를 낮춘다.
- **벤토나이트 점토 1/4컵** : 벤토나이트 점토는 독소를 제거할 뿐 아니라 칼슘이 함유되어 있어 치아에 무기질을 공급한다.

재료를 모두 섞는다. 이때 주의해야 할 점은 재료를 담거나 저을 때 금속 재질을 사용하면 안 된다. 반죽이 비활성화되기 때문이다. 나 역시 수제 가루치약을 직접 만들어 쓰는데, 유리병과 나무 숟가락을 사용한다. 이렇게 만든 수제 가루치약으로 이를 닦고 나면 입안이 개운하고 어떤 맛도 남지 않는다. 자일리톨의 단맛이 베이킹소다의 짠맛을 상쇄하고 벤토나이트는 아무 맛도 나지 않기 때문이다.

점차 널리 사용되고 있는 대나무 칫솔(또는 다른 나무로 만든 친환경 칫솔)은 재료 대부분이 생분해된다. 친환경 칫솔을 만드는 많은 기업이 칫솔모에도 플라스틱을 사용하지 않는다고 주장하지만, 라벨에 깨알 같이 적힌 글씨를 자세히 읽어봐야 한다. 100퍼센트 자연 분해되는 재료로는 칫솔모를 만들기가 거의 불가능하다. 손잡이는 나무로 만들 수 있지만 칫솔모는 어떤 형태든 플라스틱을 쓸 수밖에 없다(여러 대나무 칫솔 브랜드 중 브러시 위드 뱀부Brush with Bamboo가 칫솔모의 플라스틱 함량이 가장 낮다). 가장 친환경적인 제품은(비록 동물성 재료를 쓰긴 했지만) 독일의 세브라 에티컬 스킨케어Cebra Ethical Skincare의 돼지털로 만든 칫솔이다. 물론 모든 사람의 취향에 맞는 제품은 아니다.

식사 후 꼭 이쑤시개를 사용한다면 티타늄으로 된 다양한 제품을 고려해보자. 치실을 사용한다면 플라스틱을 전혀 사용하지 않는 르 네그리Le Negri 제품을 추천한다. 덴탈 레이스Dental Lace 제품은 플라스틱을 사용하긴 하지만 우편으로 리필 제품을 보내준다. 여러 플라스틱 제로 블로거는 명주실을 대안으로 추천한다.

면도 및 제모

플라스틱을 줄이기 위해 몸에 난 털을 그대로 방치하기로 결심하지 않는 이상, 면도와 제모 역시 욕실에서 일회용 플라스틱을 사용하게 되는 주요 원인이다. 우선 면도기를 살펴보자. 날이 여러 개 달린 일회용 면도기는 환경에 좋지 않다. 안전면도기와 날 한 봉지를 구매하자. 처음에는 겁날 수 있지만 익숙해지면 일회용 면도기만큼 깔끔하게 면도가 된다. 더군다나 날

한 개의 수명이 몇 주 정도 되고 몸체는 관리만 잘 하면 영구적으로 쓸 수 있으므로, 안전면도기에 투자한 비용을 금세 회수할 수 있다. 대부분의 드러그스토어나 백화점에서 안전면도기와 날을 구매할 수 있다.

면도크림의 경우, 옛 방식으로 나무통에 담은 제품을 여러 온라인 판매점에서 쉽게 구할 수 있다. 사실 플라스틱을 전혀 쓰지 않는 가장 쉬운 방법은 크림 대신 일반 고체 비누를 사용하는 것이다. 하지만 '플라스틱 없는 생활Living Without Plastic'(www.pfree.co.uk)와 같은 여러 웹사이트를 검색하면 재사용이 가능한 재료로 포장된(또는 포장이 전혀 안 된) 면도크림이나 고체 면도 비누를 판매하는 곳을 알 수 있다.

제모를 할 때 왁싱보다는 안전면도기를 사용하는 것이 플라스틱을 안 쓰기가 더 쉽지만, 왁싱 역시 플라스틱을 전혀 사용하지 않을 수 있다. 일반적인 왁싱 제품은 플라스틱 성분으로 된 테이프와 100퍼센트 합성 물질로 이루어진 왁스로 구성된다. 이와 달리 뭄MOOM은 플라스틱을 사용하지 않은 왁싱 테이프와 유기농 왁스를 플라스틱이 아닌 포장재에 담아 배송해준다. 플라스틱 제로 블로그를 참고해 집에서 직접 왁싱 재료를 만드는 것도 좋은 방법이다. 인터넷을 검색하면 설탕으로 왁스를 만들고 천으로 왁싱 테이프를 만드는 수백 가지 방법이 나와 있다. 이렇게 만든 천 테이프는 빨아서 다시 쓰면 된다.

생리대

영국의 환경단체 '시티 투 시City to Sea'의 설립자인 나탈리 피Natalie Fee는 플라스틱 없는 생리 기간의 전문가다. 그녀는 "많은 사람이 생리대와 탐폰에 플라스틱이 들어 있다는 사실을 알고 크게 놀란다."라고 말한다. 탐폰을 사용하는 여성의 경우 평생 1만 2,000~1만 6,000개를 사용한다는 점을 고려하면, 탐폰과 탐폰을 삽입하는 데 필요한 플라스틱 어플리케이터가 해변에서 자주 발견되는 것이 그리 놀랍지 않다. 특히 큰비가 내려 하수시설이 넘치고 난 뒤에는 수많은 탐폰이 해안가로 밀려들어온다.

'시티 투 시'가 제작한 〈플라스틱 없이 생리 기간을 보낼 수 있을까?Plastic Free Periods?〉라는 단편 영상을 보면 일회용 생리대 한 개에는 비닐봉지 네 개를 만들 수 있는 플라스틱이 들어 있다는 사실을 알 수 있다. 탐폰뿐 아니라 자연 분해되는 생리대라도 절대 변기에 버려서는 안 된다. 당연한 이야기이지만 몇 번을 강조해도 지나치지 않다. 생리대는 변기에 넣도록 설계되지 않았다!

플라스틱 없이 생리 기간을 보내는 가장 쉬운 방법은 전 세계에서 판매되는 나트라케어Natracare의 자연 분해 제품을 사용하는 것이다. 나트라케어의 목표는 비윤리적이고 지속가능하지 않은 제품을 대체하는 것이다. 탐폰 트라이브Tampon Tribe 제품도 좋은 대안이다. 탐폰 트라이브는 소비자가 한 달 치 사용할 탐폰을 구매하면 여성 노숙자에게 하루치를 기부한다. 여러 번 사용할 수 있는 생리컵도 고려해볼 수 있다. 생리컵 제조업체의 모토는 '평생 단 한 개만 필요하다'다. 가격이 비싼 편이지만 영구적으로 사용할 수 있으므로 몇 개월만 지나면 본전을 뽑을 수 있다.

화장지

변기로 흘러내려가 해변과 바다에 끊임없이 모습을 드러내는 것은 탐폰뿐이 아니다. 물티슈 역시 해안가에서 눈에 자주 띈다. 물티슈는 비닐로 포장될 뿐 아니라 대부분 플라스틱 섬유로 만들어진다. 물티슈로 화장을 지운다면 앞에 나온 메이크업 부분을 참고하라. 다른 방법을 찾을 수 있을 것이다. 일상생활에서는 물티슈 대신 행주나 걸레를 이용할 수 있다. 하지만 물티슈를 쓸 수밖에 없다면 절대 변기에 버리지 말고 쓰레기통에 버려야 한다!

화장지는 종이로 만들지만 화장지의 포장재는 대부분 그렇지 않다. 후 기브스 어 크랩Who Gives a Crap, 퓨어 플래닛Pure Planet, 에코맆EcoLeaf, 세븐스 제너레이션Seventh Generation은 종이로 포장된 화장지를 고객의 문 앞까지 배달해준다. 모두 대용량으로 주문 가능하기 때문에 화장실에 휴지가 떨어질 일은 없을 것이다!

일반적인 상점에서 판매하는 화장실 청소용 솔 대부분은 100퍼센트 플라스틱이다. 손잡이는 플라스틱이 아닌 제품을 찾더라도 솔 부분은 플라스틱이다. 플라스틱을 포함하지 않는 생활용품을 다양하게 판매하는 '플라스틱 프리 라이프Plastic Free Life'에서 돼지털로 만든 솔을 주문할 수 있다. 동물성 제품을 꺼리는 사람이라면 부발루Boobalou에서 식물유래 성분으로 만든 제품을 구매할 수 있다.

욕실 점검을 마쳤으니 이제 플라스틱 제로 계획을 세워보자. 당신의 취향, 경제적 여건, 지리적 여건을 고려해 다음 페이지의 표를 채워보라. 다 작성했으면 사진을 찍어 온라인에 올리자. 많은 사람이 당신을 뒤따를 것이다!

품목	플라스틱 제로 계획
샴푸	
샤워젤	
손 세정제	
면도크림	
면도기	
데오도런트	
샤워 타월	
립스틱	
파운데이션	
블러셔	
기타 화장품	
칫솔	
치약	
립밤	
메이크업 리무버	
생리대	
화장지	
화장실 청소용 솔	
기타	

제6장

플라스틱 없는 침실 만들기

옷과 마이크로파이버

의류가 해양 플라스틱에서 가장 큰 비중을 차지하는 품목 중 하나라는 사실을 아는 사람은 많지 않다. 옷을 버릴 때만 쓰레기가 발생하는 것이 아니다. 옷을 세탁할 때마다 머리카락보다 얇은 나일론이나 폴리에스테르 실이 빠져나온다. 유행이 빨라지면서 저렴하고 다루기 쉬운 폴리에스테르가 전체 옷감 중 60퍼센트에 이르게 되었다. UN의 발표에 따르면 2016년 제조된 합성섬유는 6,100만 톤에 이른다.

세계자연보전연맹International Union for Conservation of Nature은 2017년 발간한 보고서에서 미세 플라스틱이 전체 플라스틱 공해 중 15~31퍼센트를 차지한다고 추산했다.* 보고서에 따르면 유럽

* https://portals.iucn.org/library/sites/library/files/documents/2017-002.pdf

플리스 재킷 한 벌에서 나오는
마이크로파이버는 무려 25만 개다.

인은 평균적으로 비닐 쇼핑백 54개를 만들 수 있는 분량의 플라스틱을 매년 바다로 흘려보낸다. 북미 지역은 이 수치가 1인당 150개로 치솟는다. 전 세계 바다로 유입되는 플라스틱 가운데 3분의 1 이상은 옷을 세탁하면서 나온 것이다. 길이가 1밀리미터도 안 되는 마이크로파이버(초미세 합성섬유)는 크기가 매우 작기 때문에 세탁기에서 빠져나와 배수구로 흘러들어간다.

캘리포니아대학교 샌타바버라 캠퍼스University of California, Santa Barbara가 실시한 연구에 따르면 플리스 소재로 된 재킷 한 벌은 무려 25만 개의 마이크로파이버가 나온다.* 나 역시 자전거나 카약을 탈 때 플리스 옷을 자주 입는다. 자연을 즐기러 가면서 환경오염의 주범이 되는 옷을 입는 것이 얼마나 모순된 행동인

* Hartline, N. L., Bruce, N. J., Karba, S. N., Ruff, E. O., Sonar, S. U. and Holden, P. A. (2016), '새 옷과 입던 옷을 일반 세탁기로 세탁했을 때 나오는 마이크로파이버 양 Microfiber Masses Recovered from Conventional Machine Washing of New or Aged Garments', 〈환경과학기술Environmental Science & Technology〉, Vol. 50, No. 21, pp. 11532–8.

세계자연보전연맹에 따르면
미세 플라스틱은 전체 플라스틱 공해 중
15~31퍼센트를 차지한다.

지 생각하면 서글퍼진다.

이렇게 작은 마이크로파이버가 어떻게 바다를 오염시키는지 의아할 것이다. 어떤 문제가 갑자기 등장하면 으레 그렇듯이, 마이크로파이버가 미치는 영향은 아직 완전하게 파악되지 않았다.

분명한 사실은 인간의 눈에는 잘 보이지 않는 마이크로파이버가 작은 새우처럼 생긴 크릴과 같은 동물성 플랑크톤의 눈에는 맛있는 먹이로 보인다는 것이다. 먹이사슬에서 맨 아래를 이루는 이러한 동물은 더 큰 동물성 플랑크톤, 어류, 고래를 비롯한 바다 포유류처럼 수많은 동물의 먹이가 된다. 이 같은 경로로 마이크로파이버는 먹이사슬을 거슬러 올라가면서 축적되다가 마침내 우리의 식탁에 오른다. 그뿐만 아니라 플라스틱 조각으로 소화기관이 막힌 새와 상어처럼, 요각류 같은 동물성 플랑크톤이 마이크로파이버를 삼키면 원래의 먹이인 조류를 소화시키지 못한다.*

그렇다면 어떻게 해야 할까? 합성섬유는 매우 널리 쓰이는데도 그로 인한 공해가 눈에 잘 보이지 않아 해결책을 떠올리기 어려울지도 모른다. 마이크로파이버를 바다로 흘려보내지 않을 몇 가지 방법을 알아보자.

쇼핑

• 옷 적게 사기

새 옷을 사는 사람들의 마음은 나도 잘 안다. 날씨가 변하면 새 옷을 장만하고 싶고, 청바지 지퍼가 고장 나면 번거롭게 수선하느니 새것을 사는 게 편하다. 사실 옷은 최근에야 흔해진 상품이다. 이제는 옷을 싸게 살 수 있기 때문에 많은 사람이 잔뜩 사들이지만, 자연에 어떤 영향을 미칠지, 누가 어떤 노동 환경에서 만드는지 생각하지 않는다.

옷을 덜 구매하는 것이야말로 환경에 유해한 마이크로파이버를 줄이는 가장 간단하고 효과적인 방법이다(동시에 돈도 아낄 수 있다!). 가지고 있는 옷을 수선하거나 작년에 입던 옷을 잘

* https://www.researchgate.net/publication/236926420_Microplastic_Ingestion_by_Zooplankton

코디해서 올해 다시 입자. 옷은 오래 입을수록 환경에 이롭다.

• **새 옷 사지 않기**

새 물건은 환경에 좋지 않기 마련이다. 다음에 쇼핑할 때에는 중고품 가게나 구제품 가게에 가보자. 유행은 결국 돌고 돈다. 재활용 플라스틱으로 만든 옷도 고려해보라. 미국 가수 퍼렐 윌리엄스Pharrell Williams가 만든 유명 브랜드뿐 아니라 수백 개의 스타트업 기업이 고급 정장부터 운동복에 이르기까지 다양한 재활용 플라스틱 의류를 판매한다. 단, 재활용 플라스틱으로 만든 옷은 합성섬유로 되어 있으므로 뒤에 소개할 세탁 방법을 따라야 한다.

• **합성섬유로 된 옷 사지 않기**

옷의 소재를 확인하라. 가능하면 울, 면, 실크처럼 자연유래 소재를 선택하자. 살 때 가격은 좀 비싸긴 하지만, 천연 옷감으로 만든 옷은 튼튼해서 더 오래 입을 수 있다.

아웃도어 의류 구매 계획이 있다면 피엘라벤Fjällräven이나 파타고니아Patagonia처럼 마이크로파이버 함량을 최소화한 브랜드도 고려해보자. 플리스처럼 복슬복슬한 소재의 옷은 되도록 피하자. 이러한 옷은 세탁할 때 미세 플라스틱이 가장 많이 나온다.

• 목소리 내기

캠페인 방법에 대해서는 제11장에서 자세히 설명하겠지만 목소리를 내는 것도 중요하다. 쇼핑을 하러 갔는데 서비스나 상품에 문제가 있다면 우리는 으레 불만을 제기한다. 천연 소재의 옷을 사고 싶었지만 마음에 드는 제품이 모두 합성섬유로 되어 있다면 그 역시 정당한 불만 사유다! 매장 직원에게 직접 이야기하거나 이메일로 고객만족센터에 항의하자. 소셜 미디어를 활용해 공론화하는 방법도 있다. 많은 고객이 자신이 산 옷으로 바다를 더럽히길 원하지 않는다는 사실을 기업이 깨달으려면 최대한 많은 사람이 목소리를 내야 한다.

세탁

• 옷을 자주 빨아야 할까?

합성섬유로 된 옷은 꼭 필요할 때만 세탁하라. 난 저녁에 집에 돌아와 세탁 바구니에 옷을 넣을 때 죄책감을 느끼곤 한다. 하루 종일 사무실에서만 입었던 깨끗한 옷은 다음날 다시 입어도 된다.

• 올바른 세탁 방법

의류 기업 파타고니아가 실시한 연구에 따르면, 합성섬유를 세탁할 때 다음 사항에 유의하면 하수구로 흘러들어가는 마이크로파이버 양을 줄일 수 있다.

- 세탁물 온도를 낮춰라(찬물이 제일 좋다).
- 세탁기에 빨래가 가득 차면 세탁하라.
- 될 수 있는 한 세탁기 회전 속도를 낮추고 세탁 시간을 짧게 하라.
- 액상세제를 사용하고 섬유유연제를 넣어라.

● 구피 프렌드 세탁망 사용하기

합성섬유로 만든 옷은 마이크로파이버를 걸러내는 구피 프렌드Guppy Friend 세탁망에 넣어 세탁하라. 세탁이 끝난 후 세탁망 안에 모인 마이크로파이버를 간편하게 쓰레기통으로 버리면 된다. 코라볼Cora Ball이라는 세탁볼을 사용해도 좋다. 빨래와 함께 코라볼을 세탁기에 넣은 다음 세탁이 끝나면 코라볼에 뭉친 마이크로파이버를 쓰레기통에 버리면 된다.

● 마이크로파이버 필터가 장착된 세탁기 구매하기

아직 시중에 나오지는 않지만 마이크로파이버 필터가 내장된 세탁기를 원하는 소비자가 점점 많아지고 있다. 유럽연합은 마이크로파이버 필터 세탁기를 개발하기 위한 '머메이즈Mermaids' 프로젝트를 지원하고 있다. 몇 년 안에 세탁기를 구매할 계획이라면 마이크로파이버 필터가 장착된 제품을 고려해보라.

플라스틱 포장이 적은 세제 사용하기

마이크로파이버와 직접적인 연관은 없지만 세제 역시 플라스틱 쓰레기의 원인이다. 비닐로 개별 포장되어 있는 캡슐 세제 대신 종이 상자에 들어 있는 세제를 사용하라. 액상세제를 선호한다면 대용량을 구매하라. 소량으로 포장된 제품을 구매할 때보다 플라스틱 용기 사용을 줄일 수 있다.

침구, 카펫, 가구, 매트리스

침구나 카펫처럼 집안에 사용되는 직물 역시 합성섬유인 경우가 많다. 하지만 옷처럼 자주 빨지 않기 때문에 플라스틱 오염에 차지하는 비중은 훨씬 적다. 침구에도 옷과 동일한 규칙이 적용된다. 다시 말해, 침대 시트와 이불을 살 때에는 면이나 실크 같은 천연 소재를 선택하는 것이 좋다.

좀 더 적극적이고 윤리적 소비자가 되고 싶다면 플라스틱을 재활용한 제품을 구매하자. 위버 그린Weaver Green과 같은 기업은 쿠션, 카펫, 가방, 심지어 강아지 침대에 이르기까지 플라스틱 병 재활용으로 만든 다양한 상품을 합리적인 가격으로 판매한다(플라스틱으로 만들었는데도 촉감은 놀라울 정도로 양모와 비슷하다!). 침대, 매트리스, 이불까지 재활용 소재로 된 제품을 원한다면 님버스Nimbus와 사일런트나이트Silentnight와 같은 브랜드를 알아보자. 버려진 플라스틱이 자연으로 흘러들어가지 않고 재활용되길 원하는 사람이 점차 많아지는 만큼, 재활용 플라스틱 소재의 제품들은 앞으로 더 다양해질 것이다.

제7장

플라스틱 없는 주방 만들기

주방에서 플라스틱을 안 쓰기란 쉽지 않다. 더군다나 일반적인 슈퍼마켓에서 플라스틱이 없는 제품을 찾기란 너무나 어렵다. 개인이 사용하는 플라스틱 중 거의 절반은 제품 포장이다.

대형마트는 플라스틱 포장을 줄이라는 요구에 이렇게 답한다. 플라스틱이 문제이긴 하지만 식품을 제대로 포장하지 않으면 음식물 쓰레기가 40퍼센트 증가한다고 말이다. 하지만 지구의 벗Friends of the Earth 유럽 지부가 최근 발표한 보고서에 따르면 플라스틱 포장 증가와 음식물 쓰레기 증가는 서로 비례 관계에 있는 것으로 밝혀졌다. 2004년부터 2014년까지 유럽 가정에서 배출한 음식물 쓰레기가 거의 두 배 증가하는 동안 플라스틱 포장 역시 25퍼센트 넘게 증가했다.

지구의 벗 보고서는 쓰레기를 증가시키는 여러 포장 방식도 지적했다. 많은 기업과 유통업체가 소비자의 관심을 끌기 위해 판매 전략(과대포장, 추가 증정, 묶음 구매 시 반값 할인 등)을 펼쳐

과소비를 유도한다.

한 소비자 연구에서 대부분의 소비자는 여러 개씩 묶음으로 판매되는 제품보다는 한 개씩 구매할 수 있는 제품을 선호하는 것으로 나타났다. 그럼에도 불구하고 여러 유통업체는 제품 홍보나 할인 행사를 명목으로 과대포장으로 이어지는 묶음 판매 방식을 고집한다. 플라스틱 공해와 마찬가지로 음식물 쓰레기 줄이기 역시 다양한 노력이 필요하다. 이를테면 슈퍼마켓이 고객의 수요를 고려하지 않은 채 항상 진열대를 가득 채우거나 흠집이 전혀 없는 완벽한 채소만을 판매하는 불합리한 관행에서 벗어난다면 버려지는 상품이 지금처럼 많을까?

유통업계는 경쟁이 매우 치열하다. 회사마다 전문가가 매달 매출을 철저하게 분석하고 경쟁자를 따라잡기 위해 안간힘을 쓴다. 남보다 한발 앞서기 위해 소비자의 구매욕을 자극할 혁신적인 방안도 고민한다. '필요는 발명의 어머니'라는 말이 있다. 유통업체가 상품을 일일이 포장하는 방식이 아닌 다른 대안의 필요성을 깨닫는다면 포장을 줄이는 혁신의 속도는 빨라질 것이다. 영국 대형마트 체인인 아이스랜드 푸즈Iceland Foods는 2023년까지 플라스틱을 쓰지 않겠다고 선언했다. 슈퍼마켓 홈페이지에 남기는 간단한 고객의견일지라도 우리가 목소리를 높여 불만을 제기한다면, 우수한 전문가로 이루어진 팀들은 이제까지 얽매였던 플라스틱 관성에서 벗어나 과대포장이 필요 없는 새로운 판매 방식을 찾아낼 것이다.

2004년부터 2014년까지
유럽 가정에서 배출한 음식물 쓰레기가
거의 두 배 증가하는 동안
플라스틱 포장 역시 25퍼센트 넘게 증가했다.

한편 우리가 주방에서 플라스틱을 줄일 수 있는 몇 가지 방법을 살펴보자.

장보기

• 준비

문밖으로 나서기 전에 사야 할 물건을 머릿속으로 잠깐 정리하자. 내가 플라스틱을 가장 많이 쓰게 되는 경우 중 하나는 무엇을 어디에서 살지 생각해놓지 않고 급하게 장을 볼 때다. 잠시나마 미리 준비하고 계획한다면 밖에서 사용하는 플라스틱을 크게 줄일 수 있다.

- **비닐봉지 사용하지 않기**

장보러 나가기 전 반드시 잊지 말아야 할 준비물은 장바구니다. 슈퍼마켓에서 파는 재사용 가능한 봉투나 에코백이면 충분하고 배낭도 괜찮다. 매년 전 세계에서 사용되는 비닐봉지는 5,000억 장이 넘는다. 1분에 100만 개가 넘게 사용되는 셈이다. 비닐봉지 대신 장바구니를 사용하는 것이야말로 플라스틱을 줄이는 가장 쉬운 방법이다.

온라인으로 물건을 구매한다면 비닐 포장을 하지 말라고 주문 페이지에 명시하라. 판매자는 이런 요청을 무시할지도 모른다. 하지만 점점 더 많은 사람이 요청한다면 비닐 포장을 선택하지 않는 기능이 주문 방식에 추가될 것이다.

어디서 장을 볼 것인가

- **평소 찾던 곳 변화시키기**

평소 다니던 슈퍼마켓이나 상점을 계속 이용할 계획이라면, 과대포장된 제품은 되도록 피하고 플라스틱 발자국을 줄이기 위한 대책을 요구하라. 예를 들어 매장 관리자와 직접 대화하거나 고객만족센터에 전화를 걸어 항의할 수 있다. 소셜 미디어에 해당 상점을 태그해 과대포장된 제품의 사진을 올리는 방법도 있다.

비닐봉지 대신 장바구니를 사용하는 것이야말로 플라스틱을 줄이는 가장 쉬운 방법이다.

내가 만난 사람 대부분은 지나친 플라스틱 포장 때문에 화가 난 경험이 있었다. 과대포장의 예는 얼마든지 있다. 한 개씩 일일이 포장된 과일을 플라스틱 용기에 담은 다음 또 한 번 비닐로 밀폐 포장한다. 한입 크기로 자른 초콜릿 조각마다 플라스틱 손잡이를 꽂는다. 얼마 되지도 않은 잘게 썬 채소를 지나치게 큰 비닐봉지에 담는다.

2018년 초 전 세계 여러 유통업체와 기업이 플라스틱을 줄

*** 소셜 미디어 활용 ***

소셜 미디어는 소비자가 자신의 분노를 드러내고 기업이 플라스틱 사용에 대해 다시금 생각하게 할 수 있는 효과적인 수단이다. 과대포장된 상품의 사진을 찍어 인스타그램, 스냅챗, 트위터, 페이스북과 같은 소셜 미디어에 올리고 해당 상품을 판매한 상점이나 브랜드의 계정을 태그하고 아래 해시태그를 달아라.

#플라스틱제로 #BreakFreeFromPlastic

이겠다는 약속을 발표하는 와중에, 영국 슈퍼마켓 체인 막스 앤 스펜서Marks & Spencer는 콜리플라워 두 조각을 플라스틱으로 포장한 후 '콜리플라워 스테이크'라는 이름을 붙여 2파운드에 판매했다. 포장하지 않은 콜리플라워 한 송이 가격의 두 배였다. 당연히 소비자들은 분노했다. 수많은 사람이 콜리플라워 스테이크 사진을 찍어 소셜 미디어에 올렸고, 얼마 지나지 않아 막스 앤 스펜서는 비웃음거리가 된 콜리플라워 스테이크의 판매를 중단했다. 콜리플라워 사건에서 한 가지 교훈을 얻을 수 있다. 소비자가 비상식적인 제품 포장을 친구와 가족에게 알리고 인터넷에 사진이나 글을 올리면, 기업은 자신의 어리석음을 깨닫게 된다는 것이다.

여러 대형마트에서는 포장한 과일이나 채소와 함께 포장하지 않은 과일과 채소도 판매한다. 흠집이 있거나 조금 못생겨서 자신들의 미적 기준을 통과하지 못한 상품을 따로 모아놓고 파는 곳도 있다. 이런 상품을 선택한다면 플라스틱 쓰레기뿐 아니라 음식물 쓰레기를 줄이는 데에도 도움이 된다.

동네 상점 이용하기

평소 다니던 대형마트 대신 플라스틱을 적게 사용하는 곳을 찾아보자. 작은 식료품점이나 유기농 식품점 또는 동네 시장에서는 하나씩 포장하지 않은 과일과 채소를 쌓아놓고 팔기 때문에 손님이 종이봉투나 장바구니에 알아서 담을 수 있다. 동네

정육점, 빵집, 생선가게도 종이로 포장해주는 곳이 많고 손님이 용기를 가져가면 담아주기도 한다.

가공하지 않은 대부분의 신선식품은 플라스틱이나 비닐로 포장할 필요가 없다. 신선식품을 사는 목적은 신선한 상태로 먹기 위해서이므로 오랫동안 보관할 이유가 없다. 동네에 작은 식료품점이 없다면 대형마트에 있는 정육 코너나 수산물 코너를 확인해보라. 고객이 가져온 용기에 담아주는 곳도 많다.

물론 동네 상점에도 한계가 있다. 대형마트보다 가격이 비싼 경우도 많고 원하는 상품이 항상 있는 것도 아니다. 그렇다면 배달 서비스를 고려해보자. 팜박스Farmbox, 리버포드Riverford 같은 여러 온라인 슈퍼마켓이 채소와 육류 제품에 플라스틱 포장을 사용하지 않기로 선언했다. 이처럼 플라스틱으로 포장되지 않은 식료품 배달 서비스라면 플라스틱 쓰레기를 쉽게 줄일 수 있다.

플라스틱 제로 쇼핑의 미래

반가운 소식은 전 세계 여러 유통업체가 소비자의 플라스틱 제로 쇼핑을 돕기 위해 나섰다는 것이다. 오스트레일리아 프리맨틀의 제로Zero, 영국 토트네스의 어스.푸드.러브Earth.Food.Love처럼, 소비자만큼이나 과대포장에 분개한 여러 독립 유통업체가 플라스틱 없는 미래를 실현하기 위해 다양한 대안과 비전을 제시하고 있다.

• 신선식품

중요한 질문이 남았다. 플라스틱 발자국을 줄이려면 무엇을 사야 할까? 앞에서 설명했듯이, 플라스틱 포장을 줄이는 가장 좋은 방법은 가까운 식료품점에서 신선식품을 구매하는 것이다. 동네 식료품점 주인과 친하게 지내면서 플라스틱 포장 줄이는 방법을 알려주고, 손님이 포장 방식을 선택할 수 있도록 제안할 수 있다.

하지만 내가 이 책을 쓰기 위해 여러 자료를 조사하면서 더욱 절감한 사실은 플라스틱 제로 장보기가 모든 사람에게 가능한 것은 아니라는 점이다. 너무 바빠 플라스틱을 사용하지 않는 식료품점에 대해 알아볼 시간이 없거나, 알아봤더라도 가까운 곳에 그러한 식료품점이 없을 수도 있다.

이 책에서 소개하는 방법들이 가장 이상적이긴 하지만 슈퍼마켓에서 플라스틱으로 포장되지 않은 과일이나 채소를 고르는 작은 행동 역시 플라스틱 발자국을 줄이는 멋진 방법이다.

• 건조식품

건조식품을 구매하는 것도 플라스틱 발자국을 줄이는 좋은 방법이다. 대량으로 산 다음 주방 선반에 보관하면 되기 때문이다. 한 번에 5~10킬로그램 정도 구매하자. 가까운 식료품점이나 슈퍼마켓에서 건조식품을 대량으로 판매하지 않는다면 인피니티 푸즈Infinity Foods, 내추럴리 굿 푸드Naturally Good Food처럼 최소한의 포장만 하는 온라인 도매업체를 이용하자.

건조식품을 보관하기 위해서는 튼튼한 보관 용기가 필요하다. 깨끗이 씻은 빈 병이나 생활용품점에서 파는 용기면 충분하다. 대용량으로 구매한 건면, 곡물, 말린 콩을 당분간 먹을 만큼 담아 주방 선반에 올려두어라. 나머지는 고무줄이나 집게로 포장 입구를 잘 막은 뒤 선반 뒤편이나 창고에 보관하라. 습도가 높지 않은 곳에서 적절히 보관하면 건면과 곡류는 3년 정도 두고 먹을 수 있다. 소량으로 포장된 제품을 자주 사지 말고, 대용량으로 구매해 작은 용기에 덜어 보관하고 다 떨어지면 채우도록 하자.

플라스틱뿐 아니라 모든 종류의 쓰레기를 줄이고 싶다면 알루미늄 캔에 대해서도 생각해봐야 한다. 알루미늄 캔으로 된 용기 대부분은 비닐로 한 번 더 포장되거나 비닐 라벨이 붙어

건조식품을 구매하는 것은
플라스틱 발자국을 줄일 수 있는
좋은 방법이다.

있다. 통조림 콩 대신 말린 콩을 사면 요리하기 전 몇 시간 동안 불리는 수고를 해야겠지만, 말린 콩이 싸기 때문에 돈을 아낄 수 있다.

그뿐만 아니라 알루미늄은 대부분의 플라스틱 포장보다 재활용 비율이 높지만 제조 방식에 수많은 환경오염 요소가 존재하므로 될 수 있으면 피하는 것이 좋다. 많은 유통업체가 건조식품을 종이봉투에 넣어 판매하기 시작했다. 고객이 가져온 용기에 담아주는 곳도 있다. 이러한 판매 방식이라면 원할 때마다 조금씩 사더라도 플라스틱 발자국을 줄일 수 있어 그야말로 일거양득이다.

가장 심각한 형태의 과대포장은 포장 안에 또 포장이 되어 있는 멀티팩이다. 더군다나 멀티팩 제품은 일반 포장 제품보다 내용물이 버려지는 경우가 많아 음식물 쓰레기를 증가시키는 원인이 된다. 가격이 조금 싸다는 이유로 필요한 개수보다 많이 들어 있는 멀티팩을 구매하지는 말자. 진열대 아래를 보면 똑같은 제품을 한 개씩 살 수 있을 것이다. 한꺼번에 많은 양을 사야 하거나 돈을 절약하고 싶다면, 개별 포장된 멀티팩 제품이 아닌 한 번만 포장된 대용량 제품을 찾아보라(이왕이면 플라스틱이 아닌 종이로 포장된 것을 찾자).

• 스스로 요리해 먹기

플라스틱을 줄이는 좋은 방법 중 하나는 포장되지 않은 신선한 재료로 직접 요리하는 것이다. 과자, 초콜릿과 같은 가공 식품, 손질된 과일이나 포장 샐러드처럼 사 먹는 간식거리는 플라스틱 쓰레기가 많이 나온다.

과카몰리(아보카도를 으깨 만든 멕시코 음식-옮긴이)나 에너지바를 직접 만든다면 돈도 절약할 수 있을 뿐 아니라 플라스틱 용기까지 줄일 수 있다. 집에서 만든 간식 중에는 한 번에 많이 만들어놓고 두고두고 먹을 수 있는 종류가 많다. 인터넷에서 다양한 조리법을 찾아보자.

● 재활용되지 않는 플라스틱 피하기

스티로폼, 폴리스티렌, PVC는 장을 볼 때 멀리해야 할 블랙리스트 포장재다. 거의 재활용되지 않고 매립지로 향하는 이러한 포장재는 제대로 폐기하지 않으면 환경을 오염시킨다. 슈퍼마켓 대부분이 재활용되지 않는 포장재를 줄이기 위해 어떤 조치도 하지 않는 것은 이해하기 힘들다.

즉석식품, 과일, 고기를 일회용 검은색 플라스틱 접시에 올려 비닐로 포장한 경우가 종종 있다. 이러한 플라스틱 접시는 보통 재활용되는 소재이지만 재활용 처리시설에 설치된 분류기계는 검은색 컨베이어벨트 위에 있는 검은색 플라스틱을 식별하지 못하기 때문에 대부분의 검은색 플라스틱 접시는 소각되거나 매립된다.

한 연구에 따르면, 플라스틱 접시를 검은 염료 대신 다른 색

염료로 만드는 데 추가되는 비용은 1페니도 안 된다. 1년에 수십억 개의 일회용 플라스틱 접시가 재활용되지 않고 그냥 버려진다. 좋아하는 식품이 검은색 플라스틱 접시에 담겨 있다면 제조업체에 문제를 알리자.

사실 다른 선택의 여지가 없어 플라스틱으로 포장된 식품을 구매하는 경우가 많을 것이다. 그렇다면 화살표 세 개가 삼각형을 이루는 국제 공인 재활용 표시가 있는지 확인하라. 재활용 표시가 된 제품은 어디선가 재활용될 확률이 크다. 표시가 없는 포장은 피해야 한다.

도시와 국가마다 재활용이 가능한 품목이 다르기 때문에 이 책에서 모두 열거할 수는 없지만 인터넷에서 쉽게 검색할 수 있다. 근처 쓰레기 수거 시설이나 매립지를 관리하는 기관의 홈페이지를 방문하면 재활용이 가능한 품목과 재활용 표시 목록을 찾을 수 있을 것이다.

음료

음료 제품의 포장은 해변과 바다에서 가장 흔하게 발견되는 쓰레기 중 하나다. 다음 장에서 다룰 플라스틱 병과 병뚜껑이 큰 문제라는 사실은 잘 알려져 있지만, 음료를 묶음 단위로 팔 때 쓰는 플라스틱 고리, 커피 캡슐, 심지어 티백 역시 심각한 환경오염을 일으킨다는 사실은 많은 사람들이 모른다.

캡슐 커피 가정용 커피 기계가 인기를 끌면서, 안타깝게도 네스프레소Nespresso와 같은 일회용 캡슐 커피 시장이 점차 커지고 있다. 일회용 캡슐의 몸체는 플라스틱인 반면 윗부분은 알루미늄으로 덮여 있기 때문에, 대부분의 재활용 시설에서는 이 두 재료를 분리하기가 어렵다.

한 잔씩 뽑아 마시는 캡슐 커피 기계를 아직 장만하지 않았다면 다시 한번 생각해보길 바란다. 캡슐 커피는 추출 커피, 인스턴트커피, 필터로 내린 드립 커피보다 환경에 훨씬 안 좋다. 독일 함부르크는 쓰레기를 줄이기 위해 모든 정부 건물에서 캡슐 커피를 금지했다. 미국 최대 캡슐 커피 업체인 큐리그Keurig는 불매운동이 일어나 매출이 급격하게 떨어진 후, 2020년까지 모든 커피 캡슐을 재활용 가능한 재료로 대체하겠다고 약속했다.

간편하게 모닝커피를 즐길 수 있는 캡슐 커피를 포기하기 힘들다면 환경에 미치는 영향을 줄일 수 있는 몇 가지 방법이 있다. 첫 번째는 자연 분해되는 캡슐을 구매하는 것이다. 자연 분해 캡슐은 커피를 내린 후 빈 캡슐을 음식물 쓰레기와 같이 버리면 된다. 라바짜Lavazza, 듀얼릿Dualit을 포함한 몇몇 기업이 이미 자연 분해 캡슐을 출시했고, 다른 여러 회사도 개발 중이다.

인터넷이나 근처 슈퍼마켓에서 당신이 갖고 있는 기계와 호환되는 자연 분해 캡슐을 찾아보라. 자연 분해 캡슐을 구하지 못했다면 쉽게 재활용할 수 있는 재료로 만든 캡슐을 찾자(재활용 표시가 있는지 확인하라). 일부 커피 캡슐 브랜드의 경우 사용한 캡슐을 구매한 매장에 돌려주거나 택배로 보낼 수 있다. 네스프레소는 고객이 요청하면 직원을 보내 직접 수거해간다.

티백 캡슐 커피에서 설명한 자연 분해 원칙은 티백에도 적용된다. 다른 많은 물건들과 마찬가지로 티백에도 플라스틱 소재가 사용되기 시작했다. 많은 사람이 플라스틱 성분으로 접착된 티백으로 차를 마시면서 알게 모르게 환경을 오염시키게 된 것이다.

영국에서는 한 정원사가 유명 차 브랜드인 피지 팁스PG Tips의 티백 제작 과정에서 플라스틱 성분 사용을 중단 요청하며 서명 운동에 나섰다. 이에 20만 명 넘는 인원이 서명 운동에 동참했고, 피지 팁스를 소유한 유니레버는 플라스틱을 사용하지 않겠다고 약속했다. 당신이 고른 차에 플라스틱 사용 중단 표시가 없다면, 인터넷을 검색해 해당 기업이 플라스틱을 사용하지 않기로 약속했는지 확인해보라. 인터넷에서 찾을 수 없다면 고객만족센터에 전화를 걸거나 이메일 또는 트위터로 문의해보라.

쓰레기를 정말 최소화하고 싶다면 찻잎으로 차를 끓이는 방법이 있다. 거름망이 있는 찻주전자를 사용하거나 휴대용 인퓨저에 찻잎을 담고 머그컵에서 우리면 된다.

우유 예전만큼은 아니지만 아직도 전 세계 많은 곳에서 재사용 병에 든 우유를 찾아볼 수 있다. 우유업체는 빈 병을 수거한 다음 세척해 다시 사용한다. 당신이 사는 지역에도 이러한 방식으로 우유를 판매하는 업체가 있는지 확인해보라. 목장이 있는 교외지역이라면 직접 병을 들고 가 우유를 받을 수 있지 않을까?

주방용품과 설거지

주방용품 역시 환경에 해로울 수 있다. 음식을 보관할 땐 가능하면 유리 용기나 수명이 긴 금속 용기를 사용하라. 이러한 용기는 바깥에서 플라스틱 사용을 줄이는 데도 도움이 된다. 다음 장에서 자세히 살펴보겠지만 테이크아웃 음식은 과대포장의 주범이다. 뚜껑이 있는 용기에 음식을 저장하여 랩을 사용하지 않도록 하자. 랩을 꼭 써야 한다면 비스 랩Bee's Wrap이나 에코 스낵 랩Eco Snack Wrap과 같은 친환경 제품을 선택하자.

주방세제 역시 대용량 제품이 많이 나와 있다. 앞에서 설명한 욕실 제품처럼, 주방세제도 소비자가 다 쓴 용기나 마음에 드는 병을 가져오면 리필해주는 브랜드들이 있다. 리필 판매의 선두주자인 에코버는 직영 매장과 온라인 매장을 운영할 뿐 아니라 여러 슈퍼마켓 체인과 소규모 상점들과 협약을 맺어 리필 판매대를 설치해 더 많은 고객이 리필 서비스를 이용할 수 있도록 했다. 또한 에코버는 자연으로 흘러들어가는 플라스틱을 줄이기 위해 대부분의 포장을 재활용 소재로 만든다.

샤워 타월 대신 쓸 수 있는 말린 수세미를 설거지할 때도 써보자. 이러한 천연 스펀지는 자연 분해되기 때문에 쓰레기가 되어 매립지에 묻히는 대신 비료로 쓰일 수 있다. 재활용되지 않는 일회용 주방 휴지나 물티슈 대신 빨아서 여러 번 쓸 수 있는 행주나 걸레를 사용하자. 행주나 걸레는 마이크로파이버가 나오지 않도록 면과 같은 천연 소재를 선택하라.

쓰레기 제로 요리사로 잘 알려진 앤 마리는 플라스틱 제로 주방의 최고 전문가다. 음식을 만들 때 어떤 플라스틱도 나오질 않길 바라는 독자는 이 책의 내용이 부족할지도 모른다. 그렇다면 앤 마리의 책이나 블로그에서 플라스틱으로 포장되지 않은 재료만을 이용한 다양한 조리법을 참고하라. 요리하는 것을 별로 좋아하지 않아 자주 외식하거나 테이크아웃 음식을 사 먹는다면 단골 음식점 주인과 플라스틱 포장을 줄일 방법에 대해 대화하라. 직접 가져간 용기에 음식을 담아 오는 것도 좋은 방법이다.

주방 점검까지 마쳤으니 이제 플라스틱 제로 계획을 세워보자. 당신의 취향, 경제적 여건, 지리적 여건을 고려해 다음 페이지의 표를 채워보라. 다 작성했으면 사진을 찍어 온라인에 올리자. 많은 사람이 당신을 뒤따를 것이다!

품목	플라스틱 제로 계획
비닐봉지	
과일 및 채소	
육류 및 어류	
유제품	
건조식품	
간식거리	
커피	
차	
식품 저장 용기	
주방세제	
스펀지 및 행주	
포장음식	
기타 자주 구매하는 품목	

제8장

집 밖에서 플라스틱 없이 살기

길을 걷다 보게 되는 쓰레기는 현대인이 집 밖에서 어떻게 생활하는지를 보여준다. 인도에 널린 과자 봉지, 테이크아웃 음식 포장 박스, 커피 젓는 막대, 음료수 병을 보면 사람들의 삶이 숨 고를 틈도 없이 얼마나 빠르게 움직이는지 알 수 있다. 이번 장에서는 집 밖에서 사용하는 플라스틱을 줄여보자.

급하게 나오느라 앞에서 설명한 플라스틱 제로 필수품을 챙기지 못해 일회용 용기에 든 음식을 사 먹거나 일회용 잔에 든 커피를 마셨더라도 너무 자책하지 말자. 1년 중 일주일 동안 플라스틱 줄이기에 실패하더라도 나머지 51주 동안 성공한다면 결코 작은 성과가 아니다.

많은 사람이 배가 고프면 아무 가게나 들어가 별생각 없이 먹을거리를 고른다. 이 같은 생활방식은 하루아침에 바뀌지 않는다. 집 밖에서 플라스틱을 지나치게 소비하는 습관은 서서히 고쳐야 한다. 사실 사람들이 그러한 습관을 갖게 된 것은 비교적 최근의 일이므로 노력한다면 반드시 벗어날 수 있다. 다행히도 집 밖에서 플라스틱 소비를 줄일 수 있는 아주 쉽고 효과적인 방법이 다양하게 있다.

플라스틱 병

얼마 전까지만 하더라도 플라스틱 병은 재사용이 가능한 유리병보다 적었다. 이제는 매년 약 5,000억 개의 플라스틱 병이 판매되고 이는 초당 2만 병에 해당한다. 더군다나 생산량은 날이 갈수록 늘고 있다. 1년 동안 판매되는 플라스틱 병을 일렬로 늘어놓으면 지구에서 태양까지 거리의 절반에 이른다.

플라스틱 병도 장점은 있다. 가볍기 때문에 운송할 때 배출되는 탄소량이 유리병보다 적다. 하지만 다 쓴 플라스틱 병을 처리할 대책을 세우지 않은 상태에서 무조건 유리병을 플라스틱 병으로 대체한 것은 잘못된 판단이다.

아프리카와 라틴아메리카의 여러 국가에서는 여전히 우유와 주스 대부분을 유리병에 담아서 판매한다. 이러한 국가의 생산업체와 유통업체는 유리병을 플라스틱 병으로 대체하지 말고 현재 방식을 유지해야 한다.

한 가지 잊지 말아야 할 사실은 일회용 플라스틱이 어떤 사람들에게는 더 나은 삶을 살게 해주는 중요한 존재라는 점이다. 이를테면 몸이 불편한 사람은 빨대로 물을 마셔야 하고, 수돗물이 안전하지 않은 지역의 사람들은 페트병에 든 생수를 마셔야 한다. 일회용 플라스틱 안 쓰기 노력에 친구나 가족을 동참시키는 것은 분명 칭찬받아 마땅하지만, 잘 모르는 사람이나 어떤 국가에 대해서는 무턱대고 비난하기 전에 플라스틱을 포기하지 못하는 어쩔 수 없는 사정이 있는지 생각해봐야 한다. 다음의 글에서 장애인 인권 단체 '원 인 파이브'의 공동 설립자인 제이미 심코비악은 플라스틱 감소 정책으로 인해 장애인이 피해를 입어서는 안 된다고 주장한다.

플라스틱 공해에 대해 걱정하는 사람이 늘면서, 대중교통 시설, 극장, 레스토랑, 스포츠 경기장 등에서 플라스틱 빨대 사용을 점차 줄이고 있다. 충분히 이해할 수 있는 일이다. 플라스틱 빨대를 종이나 금속 재질로 대체한 곳도 많으며, 친환경적인 빨대가 나올 때까지 빨대를 비치하지 않겠다고 발표한 곳도 있다. 심지어 어떤 빨대도 아예 쓰지 않기로 한 곳도 있다. 정치인도 플라스틱에 대한 여론을 계속 이끌고 있다. 이처럼 일회용 플라스틱 빨대를 없애려는 움직임이 확산되는 상황에서 플라스틱 빨대 규제가 미칠 수 있는 영향, 특히 장애인이 받을 수 있는 영향을 폭넓게 살펴봐야 한다.

일반적인 플라스틱 빨대는 저렴하고 잘 휘어지며 차가운 음료와 뜨거운 음료에 모두 사용할 수 있기 때문에 편리하다. 이러한 특성 때문에 플라스틱 빨대는 일부 장애인이 독립적인 삶을 사는 데 꼭 필요하다. '장애인' 범주에 속한 사람들이 느끼는 필요와 불편은 제각기 다르다는 사실은 매우 중요하다. 플라스틱 빨대 사용을 무조건 금지하는 조치에 대해 수많은 장애인이 우려하고 있다.

음료를 마시는 데 시간이 오래 걸리는 장애인들은 물에 잘 젖는 종이 빨대를 사용할 경우 쉽게 사레가 들리기 때문에 질식의 위험이 있다. 몸을 움직이지 못하는 사람들은 잘 구부러지는 플라스틱 빨대 덕분에 편하게 음료를 마실 수 있다. 종이나 실리콘으로 만든 빨대는 대부분 잘 휘어지지 않는다. 금속, 유리, 대나무로 만든 빨대는 저작 운동이 잘 조절되지 않는 장애인이나 파킨슨병처럼 신경질환을 앓는 환자에게는 위험하다. 어떤 장애인은 빨대로 커피를 마시거나 유동식을 먹는데, 생분해 빨대처럼 플라스틱 재질이 아닌 빨대는 대부분 40도 이상에서는 사용할 수 없다. 여러 번 재사용할 수 있는 빨대는 위생 문제를 일으킬 위험이 크고 세척이 어렵기 때문에 극장이나 커피숍처럼 사람들이 많이 모이는 곳에 비치할 수 없다. 다른 사람이 쓰던 빨대를 선뜻 사용할 사람이 몇이나 되겠는가?

비장애인이 가장 흔하게 하는 주장은 장애인이 빨대를 갖고 다녀야 한다는 것이다. 한번 생각해보자. 장애인복지카드, 약, 은행카드, 휴대전화와 함께 목이 마를 때를 대비해 빨대까지 챙기라는 것인가?

돈도 문제다. 영국 장애인 단체 '스코프Scope'에 따르면, 영국에서 장애인이 장애나 질병 때문에 매달 쓰는 비용은 평균 570파운드에 이른다. 장애인에게 또 다른 비용을 부담하게 하는 것은 부당하다. 다 같이 사는 세상을 만드는 일은 사회 전체의 책임이다. 환경을 위한 정의라도 사회적 정의를 무시

한다면 결코 정의라고 할 수 없다.

* 우리가 어떻게 하면 좋을까? *

내가 속한 장애인 인권 단체 '원 인 파이브'는 친환경적이면서도 잘 구부러지며 차가운 음료와 뜨거운 음료에 모두 사용할 수 있는 빨대를 생산하도록 제조업체에 요구하고 있다. 우리의 노력에 비장애인도 동참해주길 바란다. 빨대 제조업체는 구매업체가 너덧 종류의 빨대를 구매하려고 하지 않는다고 말한다. 그렇다면 여러 종류의 빨대가 아니라 친환경적이면서 장애인의 필요도 충족해주는 한 가지 제품을 개발해야 한다.

아이스랜드 푸즈의 리처드 워커Richard Walker 상무는 BBC의 〈더 원 쇼The One Show〉에 출현해 냉동식품 비닐 포장을 대신할 종이 랩을 선보였다. 재활용 가능한 종이 랩은 아직 개발 중이지만 기업이 소비자의 요구에 반응한다는 사실뿐만 아니라, 장애인의 필요도 충족하면서 해양 오염에서 자유로운 친환경적인 빨대가 결코 불가능하지 않다는 점을 깨닫게 해줬다.

분명히 짚고 넘어가야 할 사실은 나와 이야기를 나눠본 장애인 중 누구도 불필요한 일회용 플라스틱 규제에 반대하지 않는다는 점이다. 실제로 내가 아는 장애인 인권 운동가 중 많은 사람이 동물 권리 증진과 환경보호 운동에도 앞장서고 있다.

빨대 구매 기업과 정부가 빨대 제조업체와 공급업체를 압박해 더 나은 해결책을 제시하도록 요구하지 않는다면, 바다, 해변, 공원의 플라스틱 쓰레기를 줄이려는 노력에 장애인이 희생될 것이다. 친환경적이면서도 장애인과 비장애인의 필요를 모두 충족할 수 있는 해결책을 우리 모두가 요구해야 한다.

물병 갖고 다니기

버리기 문화를 끝내기 위해서는 플라스틱 병에 대한 의존을 반드시 줄여야 한다. 플라스틱 없는 삶의 실현에 가장 중요한 단계 중 하나는 외출할 때 물병을 갖고 다니는 것이다. 제11장에서 설명하겠지만 음수대 설치를 위한 캠페인을 펼치거나 커피숍과 음식점에서 페트병에 든 생수를 파는 대신 물을 무료로 제공하도록 압박한다면 플라스틱 쓰레기가 크게 줄 것이다.

하지만 물병 사용만으로도 플라스틱을 줄이는 데 큰 도움이 된다. 하루에 생수를 한 병씩 사던 사람이 아침마다 물병에 물을 채워 외출하기 시작하면 1년 동안 플라스틱 병을 365개 덜 사용할 수 있다. 물을 무료로 주지 않고 페트병에 든 생수만 파는 음식점이나 커피숍이 늘고 있다. 직원에게 물을 부탁했는데 거절당했다면, 생수만 파는 사실이 온라인상에 알려질 경우 바

미국에서는 1초마다
약 1,500개의 플라스틱 병을 사용한다!

다를 오염시킨다는 비난을 피할 수 없다고 경고하자.

투박한 스테인리스 병이 취향에 맞지 않더라도 걱정할 필요가 없다. 플라스틱 안 쓰기 운동이 확산되면서 다양한 디자인이 시장에 나오고 있다. 실용적인 클린 켄틴Klean Kanteen부터 세련된 스웰S'well이나 칠리스Chilly's에 이르기까지, 캠핑용품 전문점에 가면 마음에 드는 제품을 얼마든지 고를 수 있다.

탄산수 제조기

미국에서만 1초마다 약 1,500개의 플라스틱 병을 사용한다는 사실을 떠올리면, 플라스틱 병을 줄일 더 많은 방법이 필요하다. 가정용 탄산수 제조기가 그중 하나다. '소다메이커클럽'이라는 웹사이트(www.sodamakerclub.com)를 방문하면 다양한 브랜드의 탄산수 제조기를 한눈에 비교할 수 있다. 직접 만든 탄산수에 기호에 따라 시럽이나 천연 감미료를 첨가한다면 훌륭한 청량음료가 된다.

어쩔 수 없이 버려야 한다면…

어떤 이유에서건 물병이나 탄산수 제조기를 사용할 수 없어 어쩔 수 없이 일회용 용기에 담긴 음료를 사야 한다면(누구나 자주 부딪히는 상황이다) 다음 우선순위를 따르자.

● 종이, 캔, 유리병처럼 용기가 쉽게 재활용되는 음료를 선택하라

사실 이러한 용기도 완벽한 대안은 아니다. 한 번 쓰고 버려진 용기를 재활용하는 데에는 엄청난 에너지가 필요하기 때문이다. 그래도 다른 포장재보다 재활용될 가능성은 높다.

● 재활용 플라스틱으로 된 제품을 선택하라

더 많은 기업이 재활용 플라스틱을 사용한다면 새 플라스틱에 대한 수요가 줄고 버려진 플라스틱이 활발하게 거래되어, 자연으로 흘러들어가는 플라스틱이 감소할 것이다. 주스 회사 네이키드Naked와 생수 회사 리소스Resource를 비롯한 여러 기업이 100퍼센트 재활용 플라스틱만을 사용해 병을 만든다.

병이 불투명하더라도 찜찜해 할 필요는 없다. 기업이 재활용 플라스틱 병을 꺼리면서 대는 가장 큰 핑계는 병이 완전하게 투명하지 않다는 것이다. 대부분의 소비자는 음료수 병이 어떤 색인지 신경 쓰지 않는데도 말이다. 최근 이오니카Ioniqa라는 회사가 유니레버와 제휴하여 개발하고 있는 '새것처럼 보이는' 재활용 플라스틱 병은 조만간 플라스틱 재활용 기술에 혁명을 일으킬 것이다.

● 100퍼센트 재활용할 수 있는 플라스틱 용기를 선택하라

재활용할 수 있는 제품이 가장 낮은 순위를 차지한 이유는 어떤 회사도 100퍼센트 재활용 가능한 재질로 용기를 만들지 않을 까닭이 없기 때문이다. 재활용할 수 없는 제품은 애당초 시장에 나오지 말아야 한다. 대부분의 주요 음료업체가 10년 안에 100퍼센트 재활용할 수 있는 병만을 생산하겠다고 발표했지만 매년 얼마나 많은 플라스틱 병이 생산되는지 생각하면 그다지 인상적인 계획은 아니다.

마지막으로, 플라스틱 병에 든 음료를 샀다면 버릴 때 제대로 버려야 한다. 휴지통에 잔뜩 쌓인 쓰레기 위에 슬쩍 올리지 말고, 가방에 넣었다가 동네 분리수거함에 넣자! 당신이 사는 지역에서 플라스틱 병 보증금 제도가 시행되고 있다면, 음료를 구매한 곳에 반드시 돌려주자. 플라스틱 병 보증금 제도는 플라스틱 쓰레기를 줄이는 데 아주 효과적인 제도다.

종이컵

아침이면 한손에 종이컵을 들고 바삐 출근하는 사람들을 볼 수 있다. 힘겨운 하루를 버티게 해줄 카페인을 충전하기 위해서다. 나를 포함해 대부분의 사람들은 최근까지도 종이컵이 문제가 된다는 사실을 몰랐다. 그전까지 난 종이컵은 종이로 만들었으니 커피를 주문할 때 플라스틱 뚜껑만 받지 않으면 된다고 생각했다.

2016년 여름 유명 요리사이자 환경운동가인 휴 펀리-휘팅스톨Hugh Fearnley-Whittingstall은 〈쓰레기와의 전쟁War on Waste〉이라는 다큐멘터리에 출연해 종이컵이 얼마나 많은 플라스틱 쓰레기를 유발하는지 고발했다. 일회용 컵은 바깥 부분은 종이지만 안에는 얇은 비닐 막이 붙어 있어 대부분 재활용하지 못한다. 영국에서는 1년 동안 25억 개의 종이컵을 사용하지만 이 중 0.25퍼센트만이 재활용된다. 매년 40억 개가 넘는 종이컵을 사용하는 스타벅스는 몇몇 국가에서 명목적인 일회용품 줄이기 노력을

영국에서는 1년 동안 25억 개의 종이컵을 사용하지만
이 중 0.25퍼센트만이 재활용된다.

하고 있지만 근본적인 대책은 세우지 않고 있다.

테이크아웃 음료를 마실 때 플라스틱을 사용하지 않는 가장 간단하고 효과적이며 확실한 방법은 텀블러를 갖고 다니는 것이다. 나처럼 물건을 잘 챙기지 못하는 사람이라면 직장에도 하나 더 갖다놓으면 좋다. 텀블러는 한때 캠핑족의 전유물이었지만 이제는 어디서나 온갖 크기와 색상의 텀블러를 다양한 가격대로 살 수 있다. 작은 가방에도 넣어다닐 수 있는 실리콘 컵도 있다. 휴게소나 커피숍에서도 합리적인 가격으로 텀블러를 판매한다. 유명 텀블러 브랜드인 킵컵[KeepCup]은 이제까지 30여 개 국가에서 수백만 개를 판매했다.

여러 유명 커피숍 체인에서는 개인 컵을 가져오는 손님에게 음료값을 할인해주므로 돈도 절약할 수 있다. 음료를 저을 때에는 플라스틱 막대 대신 금속으로 된 티스푼을 직원에게 요청하자. 티스푼을 원하는 사람이 많아지면 플라스틱 막대는 자연스럽게 사라질 것이다.

식기구

관광객이 많은 해변을 걷다 보면 모래에 반쯤 묻힌 플라스틱 포크나 숟가락을 볼 수 있다. 이것들은 바다로 흘러들어가 수백 년 동안 썩지 않을 것이다. 야외에서 흔히 쓰는 플라스틱 식기구는 그 자체로 쓰레기가 될 뿐 아니라 대부분 비닐로 포장되어 있다. 포크, 숟가락, 칼이 세트로 구성될 때도 많다. 나 같은 사람들은 테이크아웃 샐러드를 먹을 때 포크로만 집어먹는데도 말이다.

개인 식기구를 들고 다녀보자(포크, 칼, 숟가락 모두 들고 다닐 필요는 없다). 음식점에서 일회용 플라스틱 식기구를 받지 않는다면 플라스틱 발자국을 크게 줄일 수 있다. 주방 서랍에 있는 식기구를 사용하거나 캠핑용품점에서 휴대하기 편한 제품을 구매하자. 젓가락을 갖고 다녀도 좋다. 가방에 공간이 부족하다면 칼, 숟가락, 포크 기능이 합쳐진 스포크Spork를 이용하자.

비닐봉지

비닐봉지는 역사의 뒤안길로 사라져야 한다. 편리함 때문에 한때 인기를 끌었지만, 이제는 누구도 찾지 않는 물건이 되어야 한다. 비닐봉지는 어디에서나 플라스틱 공해의 상징이 되었다. 하수시설을 막히게 하고, 바다로 흘러들어간 비닐봉지는 해양 생물을 위협한다. 전 세계에서 사용되는 비닐봉지 양의 정확한 추산은 거의 불가능하지만 비닐봉지가 가장 흔한 일회용 플라스틱이라는 사실은 의심의 여지가 없다.

많은 국가가 비닐봉지 사용을 규제하기 시작했고, 곧 대부

비닐봉지는 역사의 뒤안길로 사라져야 한다.
편리함 때문에 한때 인기를 끌었지만
이제는 누구도 찾지 않는 물건이 되어야 한다.

분의 국가가 뒤따를 것으로 예상된다. 장을 보러 간다면 어디서든 쉽게 구할 수 있는 장바구니를 챙기자. 차를 몰고 대형마트에 가서 일주일치 장을 본다면 비닐봉지 대신 매장에 쌓여 있는 빈 종이 박스에 물건을 담아 신자.

빨대

환경운동가들을 몹시 괴롭게 한 영상이 있다 . 그것은 바로 거북이의 코에서 빨대를 꺼내는 장면이 담긴 영상이다. 이 영상이 유튜브에 올라오자 많은 사람이 플라스틱 빨대에 주목하기 시작했다.

앞부분에서 제이미가 이야기한 특수한 경우를 제외하고, 플라스틱 빨대는 현대사회에서 퇴출되어야 한다. 영국의 최대 외식업체 체인인 웨더스푼Wetherspoon은 최근 플라스틱 빨대 사용을 중단하고 자연 분해되는 빨대만 사용하겠다고 발표했다. 하지만 다른 일회용품과 마찬가지로 어떤 빨대든 가능한 한 사용하지 않는 게 제일 좋다. 커피숍이나 술집, 음식점에서 음료를 주문할 때 빨대가 필요 없다는 말을 잊지 말자. 빨대를 꼭 사용하고 싶다면 씻어서 여러 번 쓸 수 있는 빨대를 인터넷에서 구매해 갖고 다니자.

편의점 음식

플라스틱 용기에 든 샌드위치나 샐러드, 플라스틱 병에 담긴 요거트, 비닐 포장된 과일과 같은 편의점 식품들은 바쁜 일과 중에 간단한 끼니 해결에 좋지만, 플라스틱 쓰레기가 엄청나게 나온다. 바쁠 때 배를 채우려고 하면 편의점 음식을 대신할 플라스틱 제로 대안 찾기가 힘들다. 가장 좋은 방법은 미리 음식을 해놓는 것이다. 대용량 제품을 구매하는 것처럼, 음식도 많이 준비해 냉장고에 보관한 다음 점심 도시락으로 갖고 다니거나 저녁을 간단하게 때우고 싶을 때 꺼내먹자. 편의점 식품을 사 먹지 않으면 쓰레기를 줄일 수 있고 돈도 절약된다.

나도 당신이 느낄 고충에 충분히 공감한다. 일주일 내내 긴 시간 동안 업무에 시달리다 보면 소중한 저녁 시간이나 주말 또는 얼마 안 되는 점심시간을 플라스틱을 줄이기 위한 음식

준비에 쏟는 것이 내키지 않을 것이다. 하지만 몸에 밸 때까지 습관을 들인다면 더 이상 힘들게 느껴지지 않을 것이다.

이제 플라스틱 제로 계획을 세워보자. 당신의 취향, 경제적 여건, 지리적 여건을 고려해 다음 페이지의 표를 채워보라. 다 작성했으면 사진을 찍어 온라인에 올리자. 많은 사람이 당신을 뒤따를 것이다!

품목	플라스틱 제로 계획
플라스틱 병	
일회용 컵	
식기구	
비닐봉지	
빨대	
편의점 음식	
기타	

제9장

플라스틱 없이 아이 키우기

내가 이제껏 만나본 사람 중 플라스틱 포기에 가장 큰 어려움을 느끼는 사람들은 어린아이의 부모였다. 밤새 몇 번이나 아이 울음소리에 잠을 깨야 하는 내 친구들은 아이를 키우면서 버리게 되는 엄청난 플라스틱 쓰레기 때문에 마음이 불편하다고 토로했다. 일회용품 사용을 어느 정도 눈감아 줄 수 있는 상황을 하나 꼽으라면 아이가 자지러지게 울 때일 것이다. 아이를 조금이나마 빨리 달래려고 일회용품을 썼더라도 자책하지 말자. 정말 급할 때만 빼고 재사용이 가능한 제품이나 친환경 제품을 꾸준히 이용한다면 플라스틱 발자국을 크게 줄일 수 있다.

기저귀

썩는 데 500년이 넘게 걸리는 기저귀는 미국에서만 매년 약

274억 개를 사용하고, 이 중 90퍼센트 이상이 매립지에 버려진다. 기저귀를 만드는 데에는 플라스틱뿐 아니라 많은 양의 펄프가 사용되고 엄청난 에너지가 필요하다.

일회용 기저귀 대신 밤비노 미오Bambino Mio나 원더루스Wonderoos와 같은 천 기저귀를 사용해보자. 할머니, 할아버지 세대가 많이 썼던 천 기저귀는 시간이 지나면서 많이 발전해 옛날보다 사용하기 편해졌다. 천 기저귀 관리 방법은 '플라스틱 없는 생활Life Without Plastic' 블로그에 자세히 나와 있다.•

더러워진 기저귀를 빨지 않아도 된다면 얼마나 편한지 누구나 잘 안다. 그렇지만 일회용 기저귀 사용을 반이라도 줄여보도록 하자. 기저귀 쓰레기를 50퍼센트 감소시키는 것만 해도 무척 큰 성과다. 급할 때 쓸 일회용 기저귀를 구매할 때에는 시중에서 판매하는 다양한 생분해 기저귀를 선택하자.

썩는 데 500년이 넘게 걸리는 기저귀는
미국에서만 매년 약 274억 개를 사용하고,
이 중 90퍼센트 이상이 매립지에 버려진다.

• https://lifewithoutplastic.com/store/blog/plastic-free-reusable-organic-cotton-cloth-diapers-health-baby-planet

공갈젖꼭지

공갈젖꼭지는 매립지에서 흔하게 발견되는 물건 중 하나다. 아이가 공갈젖꼭지를 좋아한다면 헤베아Hevea에서 판매하는 다양한 제품을 추천한다. 헤베아는 천연 고무로 만든 공갈젖꼭지, 아기 장난감, 욕조에 띄우는 인형, 젖병도 판매한다.

반짝이 가루

아이들이 좋아하는 반짝이 가루는(어른들도 파티나 축제에 종종 이용한다) 수천 개의 작은 플라스틱 조각으로 이루어져 있어 하수구로 씻겨 내려가거나 바람에 날아간다. 아이들은 실망하겠지만 난 반짝이 가루를 더 이상 사용하지 말라고 말할 수밖에 없다.

반짝이 가루를 포기할 수 없다면 좀 더 친환경적인 제품을 사용하자. 러쉬, 글리터 펀Glitter Fun, 글리터 레볼루션Glitter Revolution에서는 플라스틱이 포함되지 않는 제품을 판매한다. 하지만 이러한 제품에도 유기물질로 분해되지 않는 성분이 포함되어 있어 완벽한 대안은 아니다.

장난감

아이들이 장난감을 원하는 이유는 다양하다. 유치원이나 학교에서 다른 친구들이 갖고 있는 것은 자기도 가져야 한다고 생각한다. 장난감 회사의 노골적인 마케팅도 피할 수 없다. 별생각 없이 장난감 가게를 들르면 아이들은 진열대에서 눈을 떼지 못한다. 하지만 아이들에게 원하는 장난감을 사주더라도 몇 주만 지나면 망가트리거나 유행이 지났다며 싫증낸다. 장난감 유행을 쫓기란 좀처럼 쉽지 않다.

● 오래 쓸 제품 구매하기

지금도 수작업으로 장난감을 만드는 회사들이 있다. 이러한 장난감은 무척이나 튼튼하기 때문에 대물림해서 사용할 수 있다. 저렴한 제품을 여러 개 사느니 가격이 다소 비싸더라도 자녀뿐 아니라 자녀의 자녀까지 쓸 수 있는 질 좋은 장난감 한 개를 사는 것이 낫다. 벨라 루나 토이스Bella Luna Toys와 루빌로우Loubilou는 친환경적이면서도 근사한 수제 장난감을 전 세계로 배송해준다.

● 중고 제품 구매하기

아이들은 자라면서 새로운 장난감을 찾는다. 계속 똑같은 무선 자동차 장난감만 갖고 놀게 할 수는 없는 노릇이다. 다른 아이가 흥미를 잃은 장난감을 당신 아이는 좋아할 수도 있다. 이베이나 중고품 가게에서 중고 장난감을 구매하자. 아이들이 또 싫증내면 중고품 가게에 기부하거나 다시 팔면 된다.

● 재활용 플라스틱 제품이나 플라스틱이 아닌 제품 구매하기

수많은 아이들의 친구인 레고는 사탕수수에서 추출한 재료로 만든 플라스틱 블록을 출시했다. 2030년까지는 모든 제품을 '바이오 플라스틱'으로만 만들 계획이다.

하지만 바이오 플라스틱은 식물유래 성분으로 만들긴 해도 여전히 플라스틱이기 때문에, 일반적인 플라스틱 레고와 마찬가지로 자연을 훼손한다. 플라스틱이 자연에 버려지는 것을 막기 위해 해야 할 일은 소비자에게 더 이상 사용하지 않는 블록을 버리지 말고 다른 사람에게 주도록 권장하는 것이다.

실제로 내가 아는 많은 레고 팬들은 어렸을 때 샀던 제품을 아직도 갖고 있고, 오래된 희귀 모델이 얼마나 큰 자산이 될 수 있는지 자랑스럽게 말한다. 안 쓰는 제품을 돌려준 고객에게 보상을 해주는 제도가 마련된다면, 버려지는 플라스틱 블록이 크게 줄 것이다. 레고를 갖고 놀 나이가 지난 아이들에게는 해양 플라스틱을 재활용해 만든 부레오Bureo 스케이트보드를 강력하게 추천한다.

파티

플라스틱을 포기하려는 부모들이 가장 많이 토로하는 고충은 생일파티다. 초대받은 아이들에게 나누어줄 선물 주머니와 간식을 준비하고, 결국 쓰레기가 될 장식으로 방안을 가득 채우다 보면 스트레스가 치솟는다. 그렇다면 색다른 파티를 열어보자. 다른 아이와 부모가 생각하는 파티와 다르다고 걱정하거나 죄책감을 느낄 필요가 없다.

● 플라스틱의 대안을 찾아보라

아직 생일까지 시간이 있다면 핀터레스트Pinterest와 같은 웹사이트에서 플라스틱 없는 파티에 대해 찾아보자(핀터레스트에서는 플라스틱 없는 결혼식도 자세히 소개한다). '인스트럭터블스Instructuables'라는 웹사이트에서는 플라스틱 없이 근사한 장식품을 만드는 다양한 방법도 알려준다. 그중 다섯 가지를 알아보자.

- 안 쓰는 천으로 깃발 장식을 만들자.
- 원반 모양으로 자른 판지를 천으로 말아 공 모양 장식을 만들자.
- 여러 번 사용할 수 있는 천으로 만든 생일 축하 현수막을 구매하자.
- 파티 음식으로 쿠키나 컵케이크를 직접 만들자.
- 초대된 아이와 부모에게 설거지를 함께하자고 부탁하자. 그러면 일회용 컵, 접시, 식기구를 사용하지 않아도 된다.

● **플라스틱 제로 파티를 함께 계획하기**

자녀 친구의 부모와 사이가 좋다면, 새 학기가 시작할 때 서로 만나 한 해 동안 아이들의 생일파티를 친환경적인 방식으로 열자고 약속하자. 파티 장식품을 공동으로 구매한 다음 돌려써도 좋다. 대부분의 아이들은 자신의 생일파티를 친구들의 생일파티와 비교했을 때 별 차이가 없으면 만족해한다.

● **친환경 재료로 간소하게 포장하기**

선물 포장지는 대부분 비닐로 코팅되어 있기 때문에 재활용할 수 없다. 코팅되지 않은 포장지를 구매하자. 광택이 없더라도 근사한 디자인이 많다. 사실 포장을 안 해도 그다지 상관없다. 최근 실시된 한 여론 조사에서 응답자 중 50퍼센트가 비닐 코팅 포장지로 싼 선물보다는 포장하지 않은 선물이 낫다고 답했다.

플라스틱 없이 아이를 키우는 방법은 무수히 많다. 앞서 설명된 다양한 사이트들을 포함해 '쓰레기 제로 생활Zero Waste Living'과 같은 블로그에서 더 많은 정보를 얻을 수 있다.

가족마다 상황은 다르겠지만 플라스틱을 줄일 수 있는 나름의 방법을 찾아보자. 바다에 있던 플라스틱 쓰레기를 재활용해 만든 스케이트보드를 구매하거나 자신이 갖고 놀던 오래된 장난감 기차를 다락에서 꺼내 자녀에게 물려줄 수도 있다.

육아에 대해 살펴봤으니 이제 플라스틱 제로 계획을 세워보자. 당신의 취향, 경제적 여건, 지리적 여건을 고려해 다음 페이지의 표를 채워보라. 다 작성했으면 사진을 찍어 온라인에 올리자. 많은 사람이 당신을 뒤따를 것이다!

품목	플라스틱 제로 계획
기저귀	
반짝이 가루	
장난감	
파티 장식품 및 선물 주머니	
포장지	
기타	

제10장

플라스틱 없는 직장 만들기

우리는 직장에서 큰 영향력을 발휘할 수 있다. 플라스틱을 사용하지 않는 것이 얼마나 중요한지 사람들에게 알리며 캠페인을 펼치기에 직장만큼 좋은 곳도 없다. 임원이라면 공식적인 권한을 활용할 수 있고, 임원이 아니더라도 매일 만나는 동료들에게 플라스틱 줄이기에 동참하는 당신의 열정을 보여줌으로써 변화를 일으킬 수 있다. 이번 장에서는 플라스틱 없는 직장 만들기를 위한 세 가지를 소개한다.

동료의 행동 변화시키기

당신이 이 책을 여기까지 읽었을 즈음이면 플라스틱을 줄이기 위한 작은 노력이라도 시작했을 테고, 그렇다면 눈치 빠른 동료들은 당신의 변화를 궁금해할 것이다. 가까운 동료들에게 플라스틱 문제를 설명해주고 관련 글을 보내주자. 그들 역시 플라스틱 줄이기 노력에 함께할 것이다. 하지만 더 많은 사람을 동참시키려면 본격적으로 캠페인을 펼쳐야 한다. 거의 모든 직장에는 휴게실이나 탕비실 같은 곳이 있다. 물리적인 공간이 없는 인터넷 기업이라도 직원들은 자유게시판에서 업무와 무관한 이야기를 나눌 수 있다. 직원들이 자유롭게 이야기하는 장소에 팻말을 설치하거나 단체 메일을 보내 직장에서 플라스틱을 줄이는 방법을 알려주자. 우선 가장 심각한 플라스틱 오염 원인인 비닐봉지, 플라스틱 병, 일회용 컵, 빨대, 일회용 식기구를 되도록 쓰지 말자고 말하라. 이 책에 나온 수치를 인용해 문제의 심각성을 설명하고 플라스틱을 안 쓰는 대안들을 소개하라.

사람들을 설득하려면 어조에 신경 써야 한다. 잔소리나 공격적인 말투를 좋아하는 사람은 없다. 팻말에 글을 쓰거나 사람들과 대화할 때 친근하고 격려하는 어조를 사용하자. 예를 들어, '테이크아웃 음료 잔을 들고 오지 마시오'라는 팻말을 붙인다면 어떤 사람들은 눈살을 찌푸리거나 반발심이 일 것이다. 대신 '플라스틱 없는 사무실 만들기에 함께해주세요'라고 적고 그 아래 사용하지 말아야 할 물건의 그림을 그려 넣어보자.

동료들과 대화할 때 '지금처럼 행동하면 안 돼' '커피숍에서 빨대는 받지 마'처럼 권위적으로 훈계하지 말고, 부드럽게 이야기하자. '플라스틱 사용을 줄이는 게 좋겠다고 생각해본 적

있어?' '플라스틱을 사용하지 않는 방법을 찾고 싶지 않아?'라고 묻거나 가벼운 농담을 섞어가며 대화하라. 자연스럽게 동료들의 관심을 끌고, 그다음 플라스틱 줄이기 방법을 알려주자. 여러 해결책을 알게 된 동료들은 스스로도 무언가를 할 수 있다는 자신감을 얻을 것이다.

플라스틱을 줄일 수 있는 물품 요청

당신이 대기업에 다닌다면 플라스틱 줄이기에 도움이 될 물품을 판촉물이나 사은품으로 제공할 협력업체가 있는지 알아보라. 무상으로 제공하지는 않더라도, 직원 모두가 사용할 만큼 대량으로 구매한다면 할인해줄 업체가 있을 것이다.

영국 미디어기업 스카이Sky는 '바다 구하기 캠페인Ocean Rescue Campaign'을 시작하면서 2020년까지 플라스틱 없는 일터를 만들겠다고 선언한 후 모든 직원에게 물병을 나누어주었다. 당신의 직장도 똑같이 할 수 있지 않을까? 관리자급 직원과 상의해보라. 사무실이 지저분해지는 걸 싫어하고 여기저기 흩어진 플라스틱 쓰레기를 불편하게 여기는 상사라면 당신의 의견에 찬성할 것이다. 상사가 당신과 같은 생각이라면 플라스틱을 사용하지 않도록 동료들을 설득하기가 훨씬 수월할 것이다.

● 점심 세미나

동료의 관심을 얻는 또 다른 방법은 환경운동가나 전문가를 초청해 점심시간 동안 세미나를 여는 것이다. 그린피스나 지구의 벗처럼 '플라스틱 줄이기'에 앞장서는 단체를 인터넷에서 찾아본 다음 가까운 곳에 위치한 지역 사무소에 연락해보자. 기꺼이 찾아와 플라스틱을 사용하지 말아야 하는 이유를 알려줄 것이다.

그린피스에서 플라스틱 줄이기 캠페인을 시작하기 전, 난 순환경제(자원 절약과 재활용을 통해 지속가능성을 추구하는 친환경 경제 모델-옮긴이)와 쓰레기 감소 정책을 오랫동안 연구한 친구를 사무실로 초청해 플라스틱 공해에 대한 세미나를 주최한 적이 있다. 놀랍게도 같은 건물에 근무하는 수많은 사람이 플라스틱 문제를 해결하기 위해 자신들이 어떤 일을 할 수 있는지 알기 위해 찾아왔다.

● 플라스틱 줄이기 시합

당신의 직장이 여러 팀으로 구성되어 있다면 플라스틱 줄이기 노력을 재미있는 시합으로 바꾸어볼 수 있다. 일주일 중 하루나 1년 중 한 달 동안 각 팀이 배출한 플라스틱 쓰레기를 측정해 가장 적게 배출한 팀이 승리하는 시합이다.

동료들이 흥미를 느끼기 시작하면 각자 음식을 싸와 나눠 먹는 플라스틱 제로 점심 모임을 계획해보자. 플라스틱을 줄일 방법을 논의하며 더 가까워질 수 있는 좋은 기회가 될 것이다.

비품 정책

사무실을 돌아다니며 일회용 플라스틱을 얼마나 많이 사용하고 있는지 살펴보라. 구내식당이 있는 회사라면 일회용 식기를 사용하지는 않는가? 정수기 옆에는 일회용 컵만 있는가? 일회용 플라스틱이 있는 곳을 모두 메모해두자. 상사나 동료와 함께 조사해도 좋다. 비품 담당자에게 일회용품을 선택한 이유를 물어라. 편리함 때문이었나 아니면 별생각이 없어서였나? 일회용품을 사용기로 결정한 담당자에게 찾아가 시정을 요구하라. 담당자가 관심을 보이지 않는다면 이 책이나 다른 여러 자료에 소개된 대안들을 제시하라.

담당자가 단호하게 거절하거나 당신의 말에 전혀 관심이 없다면 캠페인의 강도를 높여 서명 운동을 벌이자. 앞에서 말한 플라스틱 제로 점심 모임에서 더 많은 사람에게 서명을 받을 방법을 의논하는 것도 좋다. 비품 담당자에게 문제를 해결할 방법을 전달하면서 회사 직원 대부분이 그러한 방법에 찬성한다는 사실을 알려주면 당신의 의견에 귀 기울일 것이다. 직장에서 목소리를 내는 것이 영 어색하거나 불편하다면 노동조합에 도움을 구해보라. 대부분의 노동조합에는 근로환경을 담당하는 조합원이 있다. 그들은 캠페인 경험이 풍부하므로 당신에게 큰 힘이 될 것이다.

회사가 보수 공사를 하거나 리모델링을 한다면 담당자에게 환경적인 측면을 고려하는지 문의하라. 100퍼센트 재활용이 가능한 모확Mohawk의 에어로Airo 카펫 같은 친환경 제품을 사용할 계획인가(건물이 리모델링될 때마다 엄청난 양의 카펫 쓰레기가 배출되지만 사무실용 카펫 대부분은 재활용되지 않는 플라스틱으로 만든다는 사실을 아는 사람은 거의 없다)?

세계 최대 카펫 업체 인터페이스Interface는 런던동물협회Zoological Society of London와 협약을 맺고 '네트-웍스Net-Works'라는 매우 기발한 캠페인을 시작했다. 네트-웍스 활동가들이 필리핀과 카메룬에서 지역정부들과 마이크로파이낸스(빈곤층의 경제적 자립을 돕기 위한 소액 대출 등의 금융서비스-옮긴이) 금융기관의 도움을 받아 망가진 그물을 수거하면, 인터페이스가 그 그물을 재료로 사용해 카펫을 제작하는 캠페인이다.

최근 그린피스도 사무소 건물을 리모델링했는데, 당시 시설 담당자가 선택한 방음 패널은 100퍼센트 재활용 플라스틱으로만 만든 독일 에코재즈EchoJazz의 제품이다. 건물 공사에 사용할 수 있는 친환경 자재에 대해 시설 관리 담당자들이 조금이라도 조사해본다면 책 한 권을 만들 수 있을 만큼 혁신적인 제품이 많다는 사실을 알게 될 것이다.

외부에 널리 알리기

당신의 회사가 올바른 방향을 향해 첫걸음을 뗐다면, 플라스틱 줄이기 선도자로 도약할 방법을 찾아보라. BBC를 포함한 영국의 수많은 기업이 스카이의 플라스틱 제로 선언에 자극을 받고 플라스틱 발자국을 줄이려는 노력에 동참했다. 당신의 회사 역시 플라스틱을 줄이기 위한 정책을 펴고 있다면, 다른 회사들이 본보기로 삼을 수 있도록 적극적으로 알려야 한다. 소셜 미디어에 글을 올리거나 고객들이 볼 수 있는 곳에 안내문을 게시하는 방법이 있다. 회사에 홍보팀이 있다면 플라스틱 줄이기 노력을 어떻게 홍보할지 논의해보라. 대부분의 사람들처럼 기업도 뒤처지는 것을 원하지 않는다. 한 회사가 앞서기 시작하면 다른 회사들도 뒤따를 것이다.

제11장

플라스틱 없는 지역사회 만들기

사회의 의사결정자들이 사람들의 삶을 고려하지 않고도 막강한 영향력을 발휘할 수 있던 시절은 오래전에 지나갔다. 기술의 발전 덕분에 사람들은 세계 어디에서 캠페인이 벌어지든 참여할 수 있게 되었고, 힘을 지닌 자들에게 진실을 알리고 자신의 이야기를 들으라고 요구할 수 있게 되었다. 이번 장에서는 개인적 차원을 넘어 사회적 차원의 변화를 이끌 방법을 소개한다. 지역, 국가, 국제사회에서 힘을 모으는 우리의 능력은 그 어느 때보다도 강해졌다. 힘 있는 자들이 우리의 이야기에 귀 기울이도록 하기 위해서 우리는 함께해야 한다.

이번 장을 읽으며 지역사회에 변화를 일으킬 여러 방법을 알아가는 동안 한 가지 사실을 기억하자. 당신의 가장 큰 자산은 당신의 경험이다. 주변 사람들의 궁금증에 답하거나 어떤 주장을 펼치는 데 필요한 통계를 찾을 때에는 이 책이나 인터넷에 나온 자료면 충분하지만, 누군가를 설득하는 데 가장 효과적인 방법은 마음에서 우러나오는 이야기를 들려주는 것이다. 사람들은 자신이 겪고 있는 문제를 이미 경험한 사람들이 진심어린 마음으로 이야기할 때 가장 공감한다.

어디에서부터 시작해야 할까?

어디에서부터 시작해야 할지 전혀 감이 안 잡히고 선뜻 엄두가 나지 않는다면 우선 마음이 맞는 사람부터 찾아보자. 플라스틱 줄이기 캠페인 단체를 찾아 연락해보라. 당신의 지역에서 정기적으로 만나거나 행사를 열지도 모른다. 환경에 관심이 많은 주민이 모임을 만들었을 수도 있고, 그린피스 같은 큰 단체의 지역 사무소가 근처에 있을 수도 있다. 지역 주민이 자주 이용하는 커피숍의 알림판에 행사 소식이 게시되었을지도 모른다. 지역신문이나 인터넷을 찾아보는 것도 좋은 방법이다.

플라스틱 공해는 워낙 큰 문제이므로 당신이 사는 곳에서 누군가는 이미 행동하고 있을 것이다. 운이 좋게도 당신의 지역에 여러 모임이 있다면 모임의 목적을 비교해보라. 쓰레기를 줍는 모임보다는 플라스틱 규제 캠페인처럼 적극적으로 행동하는 모임을 택하라.

물론 쓰레기를 줍는 일도 사람들을 플라스틱 제로 캠페인에 동참시킬 수 있는 멋진 방법이다. 쓰레기를 줍다 보면 플라스틱의 끔찍한 영향을 직접 체험할 수 있기 때문이다. 가까운 곳에서 쓰레기 줍기 행사가 열린다면 참여해보자. 없다면 먼저 시작해도 좋다. 플라스틱을 줄이는 현실적인 방법은 플라스틱을 애초에 사용하지 않는 것이지만 우리가 아끼는 장소를 보호하기 위해 행동에 나서는 것 역시 중요하다. 쓰레기 줍기는 우리가 생활하고, 일하고, 휴가를 보내는 곳을 우리가 원하는 모습으로 보존하는 훌륭한 방법일 뿐 아니라, 사람들이 플라스틱 문제를 깨닫고 적극적으로 무언가를 해보고 싶다는 마음이 들 수 있는 좋은 기회가 된다.

해양생물보존협회에서는 영국 해변을 청소하는 '비치왓치 Beachwatch' 행사를 주기적으로 여는데, 행사가 열릴 때마다 자신의 지역을 아끼는 많은 주민이 함께한다. 어떤 쓰레기가 해변으로 가장 많이 밀려오는지 파악하기 위해 자원봉사자들은 해변을 청소하면서 쓰레기 종류를 기록한다. 해양생물보존협회는 직접 해변 청소 행사를 시작하려는 사람들을 위해 안전하고 즐거운 해변 청소 행사를 준비할 수 있도록 단계별 지침을 마

당신의 가장 중요한 자산은
당신의 경험이라는 사실을 기억하라.

련했다. 해변 청소뿐 아니라 공원 청소에도 참고할 수 있다. 해양생물보존협회 홈페이지를 방문하면 더 자세한 정보를 얻을 수 있고 당신이 사는 지역에서 비치왓치가 이미 진행되고 있는지도 확인할 수 있다(www.mcsuk.org/beachwatch).

* 해변 청소 행사 지침 *
쓰레기 수거 및 정보 수집을 위한 계획

해변이나 공원에서 쓰레기를 수거하고 정보를 수집하는 행사는 몇 가지 준비 단계를 거쳐야 한다.

행사 전

❶ 당신이 계획하고 있는 해변이나 공원에서 이미 쓰레기 줍기 행사가 열리고 있지는 확인하라.

❷ 해변을 청소할 계획이라면, 물이 들어오는 시간과 나가는 시간을 확인하고 물이 들어올 때는 피하라. 일반적으로 만조 네 시간 전이 가장 좋다. 파도 상황을 확인하여 날짜와 시간을 정하라. 자세한 사항은 기상청 홈페이지를 참조하거나 관련 지역 당국에 문의하자.

❸ 해변이나 공원 소유주에게 전화를 걸어 허가를 받아라(해변이나 공원은 대부분 공유지이지만 그렇지 않더라도 지역정부의 도움을 받을 수 있을 것이다).

❹ 소유주가 허가를 했다면 수거한 쓰레기를 어디에 모아야

하는지 문의하라. 필요한 장비를 빌릴 수 있는지도 확인하라.

5. 위험 요소를 점검하라. 해양생물보존협회 홈페이지에서 유의사항을 확인하고, 지역 당국이나 소유주에게 특별히 조심해야 할 사항이 있는지 문의하라. 바로 전날 행사 장소를 방문하여 답변 내용에 변동이 없는지 점검하라.
6. 이제 홍보할 차례다! 포스터를 만들자. 보도자료를 작성해 지역신문사에 보내는 방법도 있다(보도자료 작성법은 204페이지를 참고하라). 해양생물보존협회 홈페이지에서 홍보자료를 준비하는 데 필요한 자료들을 참고하라.
7. 인터넷에서 마음에 드는 양식을 내려받아 신청서를 만들어라. 일주일 전쯤 참가자들에게 이메일로 신청서를 보내면서 준비물(편한 옷과 신발, 물, 먹을거리, 선크림, 목장갑)과 집합 장소를 같이 공지해도 좋다.

이제 모든 준비가 끝났다!

행사 당일

모든 준비를 마쳤다면, 당일에는 어떤 준비물이 필요하고 어떤 순서로 진행해야 할까? 다음의 체크리스트를 참고하자.

준비물

- ☐ 유의사항을 적은 유인물
- ☐ 수거한 쓰레기를 기록하도록 참가자에게 지급할 펜과 종이

- [ ] 쓰레기봉투!
- [ ] 해변을 청소하는 데 필요한 도구나 장비(지자체나 소유주에게 빌릴 수 있을지도 모른다). 튼튼한 목장갑이면 충분하지만, 바람이 불어도 쓰레기봉투가 열리지 않도록 입구를 고정할 고리와 쓰레기 집게가 있다면 유용하다.
- [ ] 쓰레기를 기록할 때 쓸 클립보드
- [ ] 수거한 쓰레기의 무게를 잴 저울
- [ ] 구급함. 주삿바늘 담을 상자와 깨진 유리와 같은 날카로운 물건을 담을 통도 필요하다.
- [ ] 수거된 쓰레기를 기록할 조사표
- [ ] 미성년자 참가자의 경우 부모의 동의서를 받아야 한다.

행사가 시작되기 전 일찌감치 먼저 가서 위험요소를 점검하고 약 100미터 정도로 청소 구역을 표시한 다음 열정적인 참가자를 맞이하자. 모두 도착하면 브리핑을 시작한다.

브리핑 방법

청소를 시작하기 전 자원봉사자에게 행사 취지와 진행 순서, 주의사항과 안전수칙을 브리핑해야 한다. 브리핑 순서는 다음과 같다.

- 본인 소개
- 행사 배경. 쓰레기가 어떤 문제를 일으키며 쓰레기를 기록하는 일이 왜 중요한지 설명하라. 행사가 열리는 지역을 간단히 소개하는 것도 좋다.

과거와 어떻게 다른지 이야기하거나 관련 사건이나 통계를 인용해보자. 다른 곳에서 열린 쓰레기 줍기 행사도 이야기해보자.

- 안전수칙. 특히 해변 청소의 경우 위험요소를 분명하게 알려야 한다.
- 조사표 작성 방법
- 누가 가장 많이 쓰레기를 줍는지 시합을 하는 것도 좋은 생각이다. 이때 무게가 아닌 개수를 기준으로 해야 한다. 시합에 참가한 사람들이 자신이 주운 쓰레기를 빠트리지 않고 조사표에 기록한다면, 행사가 끝난 후 수거된 쓰레기를 집계하는 데 시간을 줄일 수 있다!
- 행사 모습을 사진으로 찍어 인터넷에 올려도 되는지 참가자에게 동의를 구하라.
- 집결지로 다시 모이는 시간

행사 진행

- 자신이 주운 쓰레기가 조사표에서 어떤 항목에 해당하는지 잘 모르는 참가자가 있다면 도와주자.
- 주사기 수거함, 날카로운 쓰레기를 담는 통, 구급함을 들고 다니며 필요한 사람이 없나 살펴라.
- 사진 촬영에 동의한 참가자의 모습과 발견한 쓰레기의 사진을 찍자. 촬영한 사진을 소셜 미디어에 올려 사람들과 공유하라.

행사 후

- 쓰레기봉투 개수와 무게를 파악하고 참가 인원을 집계하라.
- 참가자에게 이상한 물건을 발견하지는 않았는지 물어라.
- 어떤 재료로 만든 물건이 가장 많이 발견되었는지 확인하라(플라스틱일

가능성이 높다).

- 참가자에게 감사 인사를 하라.

행사 장소를 떠나기 전, 소유주와 미리 약속한 장소에 쓰레기를 모아두었는지 확인하라. 사용된 쓰레기봉투 개수, 참가 인원, 날씨 등의 내용을 정리해 조사표와 함께 해양생물보존협회나 행사에 도움을 준 지역 단체에 보내라.

집으로 돌아온 후

뜻깊고 멋진 하루를 보냈으니 차 한 잔 마시며 편안하게 쉬자. 훌륭한 일을 해낸 당신에게 등을 두드려주며 감사하고 싶다. 앞으로 몇 번 더 하다 보면 항상 참가하는 사람들이 생길 것이고 그들은 자연스럽게 행사 진행을 도우며 새로 온 참가자를 안내할 것이다.

그중에는 자신의 지역에서 스스로 쓰레기 줍기 행사를 시작하는 사람도 있을 것이다. 그렇다면 당신이 시작한 변화가 큰 물결처럼 퍼져나가게 된다. 인터넷에 사진을 올리고 사람들에게 그날의 이야기를 들려주자. 행사가 끝난 후 참가자에게 감사의 말을 전하면서 그들도 온라인에서 다른 사람들과 경험을 공유해달라고 부탁하자.

#플라스틱제로 #BreakFreeFromPlastic

해양생물보존협회 스코틀랜드 사무국에서 일하는 캐서린 게멀Catherine Gemmell은 그 누구보다 해변 청소에 열정적이다. 다음은 플라스틱 공해에 관한 그녀의 생각이다.

당신은 누구인가?

내 이름은 캐서린 게멀이다. 해양생물보존협회 스코틀랜드 사무국장으로 일하고 있다.

왜 플라스틱 문제에 관심을 갖는가?

해양생물보존협회에서 주최하는 스코틀랜드 비치왓치 행사에는 수천 명이 참여한다. 플라스틱 쓰레기를 해결하려는 사람들을 도울 수 있는 것은 내게 큰 영광이다. 난 그들의 열정과 열의에 언제나 감동하고 자극을 받는다. 자원봉사자가 작성한 조사표를 보면 가장 많이 발견되는 쓰레기는 항상 플라스틱이다.

이제까지 목격한 플라스틱 오염 중 가장 심각한 사례는 무엇인가?

페트병, 물티슈, 플라스틱 조각, 풍선에 이르기까지 스코틀랜드 해안가 전역에서 온갖 쓰레기가 발견된다. 단 한 개의 쓰레기라도 장수거북처럼 신비한 생명체를 죽음으로 몰아넣을 수 있으므로, 쓰레기가 눈에 보일 때마다 마음이 찢어진다. 어떤 해변은 모래사장이 밧줄과 그물로 덮여 있어 마치 스펀지를 밟는 기분이다. 플라스틱 제품의 재료가 되는 플라스틱 알갱이인 너들nurdle이 가득한 곳도 있다. 해조류 대신 물티슈가 해안선을 장식하기도 한다.

플라스틱을 줄이는 해결책 중 최고의 방법은 무엇인가?

해양 플라스틱을 줄이는 데 쉬운 해결책은 없다. 지금뿐 아니라 앞으로도 계속 대중, 기업, 정부 모두 노력해야 한다. 비닐봉지 유상 판매 제도는 우리가 힘을 합치면 어떤 성과를 이룰 수 있는지를 잘 보여준다. 비닐봉지 유상 판매를 위해 여러 단체와 대중이 함께 뜻을 모았다. 비치왓치 자원봉사자가 수집한 정보도 큰 역할을 했다. 영국 전역에서 비닐봉지가 5펜스에 유상으로 판매되기 시작한 지 1년 만에 해변에서 발견되는 비닐봉지가 40퍼센트 감소한 사실은 공동의 노력과 정보가 얼마나 큰 힘을 지니는지 일깨워준다.

플라스틱을 줄이기 위해 어떤 실천을 하는가?

해양생물보존협회가 주최하는 '플라스틱 안 쓰기 도전Plastic Challenge' 캠페인에 매년 참가하면서부터, 이제는 플라스틱 칫솔 대신 대나무 칫솔을, 페트병에 들어 있는 샴푸 대신 고체 샴푸를, 플라스틱 용기에 든 데오도런트 대신 고체 데오도런트를 사용한다. 외출할 때에는 해양생물보존협회 마크가 새겨진 킵컵 스테인리스 물병과 접으면 작은 주머니에 넣을 수 있는 천 가방을 챙긴다. 최근에는 휴대하기 편한 접이식 포크와 숟가락도 갖고 다니기 시작했는데 정말 마음에 든다! 함께 도전해주는 가족과 친구들이 무척 자랑스럽다. 어떨 때에는 나보다 훨씬 적극적이다.

플라스틱 문제 중에서 어떤 일이 가장 화가 나나?

나를 화나고 절망하게 하는 건 숨겨진 플라스틱이다! 일회용 플라스틱을 줄이기 위해 플라스틱이 아닌 물건을 샀지만 종이 상자 안에 비닐봉지가 담겨 있을 때가 많다. 책을 주문할 때도 비닐로 포장되어 배송된다. 이러한 일이 있을 때마다 플라스틱을 줄이려면 어떤 점을 더 조심해야 하는지 배우게 되지만 기업과 유통업체가 불필요한 플라스틱을 생산하지 않는 것이 얼마나 중요한지 새삼 깨닫는다.

플라스틱을 줄일 수 있는 방법은 무엇인가?

온라인에서 플라스틱 제로 친구들을 사귀자! 수많은 소셜 미디어 이용자들이 플라스틱 사용을 줄이는 데 도움이 될 상점, 음식점, 웹사이트를 추천해주고, 많은 블로거가 플라스틱을 쓰지 않는 손쉬운 대안을 소개해준다. 나는 그들에게 유용한 정보를 얻는다. '플라스틱 안 쓰기 모임'이 인터넷에서 빠르게 늘어나고 있다. 나는 주변 모든 사람에게 동참하라고 말한다. 어떤 일에 도전할 때 우리보다 먼저 도전한 사람들과 함께한다면 성공 가능성은 훨씬 높아진다.

플라스틱을 줄이는 데 가장 큰 어려움은 무엇인가?

쓰레기를 배출하지 않도록 제품과 포장 설계를 바꾸는 것이다. 기업은 대대적이고 과감한 변화를 감수하더라도 눈앞에 닥친 도전을 받아들여야 한다.

플라스틱을 줄일 수 있는 가장 큰 기회는 무엇인가?

내가 처음 해양생물보존협회에서 일하게 되었을 때 가족과 친구들은 다른 사람들에게 내가 '어류와 관련된 일'을 한다고 말했다. 이제는 많은 사람이

'해양 쓰레기' '해양 플라스틱'에 관해 이야기하고, 내 친구들은 최근에 들은 플라스틱 소식을 내게 들려준다. 정말 멋진 일이다! 지금이야말로 가장 큰 기회다. 전 세계가 문제를 인식하고 변화를 요구하고 있다. 이제 지도자들이 귀를 기울이고 행동에 나서야 할 때다.

이제까지 접한 개인이나 기업의 플라스틱 줄이기 노력 중 특히 인상적인 사례는 무엇인가?

해양 플라스틱과 싸우는 수많은 개인, 지역공동체, 단체를 만날 때마다 감동하지만, 그중에서도 서니사이드 초등학교Sunnyside Primary School의 '바다 지킴이Ocean Defenders'에게 감사의 말을 전하고 싶다. 10살과 11살 아이들로 이루어진 '바다 지킴이'는 플라스틱 빨대 안 쓰기 캠페인을 벌이고 있다. 캠페인을 접한 주민, 지역 정치인, 심지어 스코틀랜드 국회의원들까지 되도록 빨대를 사용하지 않겠다고 약속했다. 많은 사람을 움직인 이 아이들이야말로 진정한 바다 지킴이다.

해변을 청소하거나 지역 모임에 가입하는 것만으로는 당신의 캠페인 열정을 잠재우지 못할 수도 있다. 굳이 잠재워야 할 이유가 있을까? 당신의 지역에 캠페인을 시작할 좋은 기회가 충분하다면 그 어떤 것도 당신의 의지를 꺾을 수 없다. 이 책에 언급된 물건이나 지역 정책과 관련해 캠페인을 펼칠 계획이라면 앞으로 소개할 방법을 참고하라. 열의는 넘치지만 어떻게 시작해야 할지 잘 모르겠다면 아래 두 가지 캠페인을 고려해보자.

● 일회용 플라스틱 규제

이 책 앞부분에 나온 티자의 인터뷰에서도 나왔듯이 단순한 규제도 큰 효과를 낼 수 있다. 커피숍이나 음식점이 빨대 사용을 중단하면 빨대 쓰레기를 줄일 수 있고, 정부가 패스트푸드 음식점의 스티로폼 용기 사용을 금지하면 스티로폼 쓰레기를 줄일 수 있다. 거리를 더럽히는 플라스틱 쓰레기를 줄이기 위해서 누구를 설득해야 하는지 생각해보자.

● 음수대 늘리기

플라스틱 병으로 인한 심각한 오염을 해결할 방법 중 하나는 음수대 숫자를 늘리는 것이다. 음식점에서 손님에게 페트병 생수를 파는 대신 돈을 받지 않고 컵에 물을 따라주는 것도 플라스틱 병 사용을 줄일 수 있다.

실전 1

어떤 문제를 해결하고 싶은지 적어보자.

문제를 해결하기 위해 어떤 노력을 해야 하는지 적어보자.

캠페인이 성공하려면 변화를 일으킬 수 있는 사람(들)을 동참시켜 그 힘을 발휘하게 할 일련의 단계를 거쳐야 한다. 이러한 단계들은 순식간에 달성되기도 하고 아주 더디게 진행되기도 한다.

문제를 파악했고 어떤 변화를 일으킬지 결심했다면 타깃 인물을 정하라. 기업의 최고경영자나 환경 문제를 담당하는 임원인가? 지역 정치인인가? 중앙정부의 정치인도 타깃이 될 수 있지 않을까? 타깃을 정하지 못하겠다면 기업의 최고경영자나 회장, 시의원이나 도의원처럼 가능한 한 가장 높은 자리에 있는 사람과 접촉해보자. 자신이 직접 나서지는 않더라도 누구를 만나야 할지 알려줄 것이다.

실전 2

어떤 사람(들)을 캠페인 타깃으로 삼을지 적어보자.

이제 문제와 해결법을 파악했고 타깃 인물도 정했다. 남은 건 실행 계획이다. 타깃 인물을 설득하는 단계들은 사다리에 비유할 수 있다. 한 계단씩 올라갈 때마다 설득 방식의 강도가 서서히 강해진다. 타깃 인물의 태도가 거슬리더라도 협력을 통

캠페인이 성공하려면
변화를 일으킬 힘을 지닌 사람을 동참시켜
그 힘을 발휘하게 할 일련의 단계를 거쳐야 한다.

해 문제를 해결하는 것이 가장 이상적인 방법임을 명심하자. 처음에는 무작정 공개적으로 다가가지 말고 조용히 접촉하는 것이 전략에 도움이 된다.

이제부터 사다리 한 가지를 소개하고자 한다. 물론 당신이 처한 상황, 당신이 정한 타깃, 당신이 사는 지역에 대해서는 당신이 나보다 더 잘 알 것이다. 훌륭하고 창의적인 캠페인 방법은 무수히 많기 때문에 다음에 소개된 사다리가 항상 옳은 것은 아니며 더 많은 사람을 만나 이야기를 들을수록 더 다양한 아이디어를 접하게 될 것이다. 또한 사다리를 올라가다보면 어떤 계단은 다시 반복되거나 폭이 넓어져 오르기가 힘들 수도 있다. 한 번 올라갈 때마다 반복해서 타깃 인물을 설득해야 할지도 모른다. 다음에 제시된 사다리는 캠페인을 처음 시작하는 사람들을 위한 하나의 지침일 뿐 반드시 지켜야 할 원칙은 아니다. 하지만 실제로 많은 지역 캠페인이 아래 사다리에 따라 진행된다(그린피스도 다음의 사다리에 따라 진행한 여러 캠페인에서 큰 성과를 거두었다). 사다리의 각 단계는 이어서 자세히 설명할 것이다.

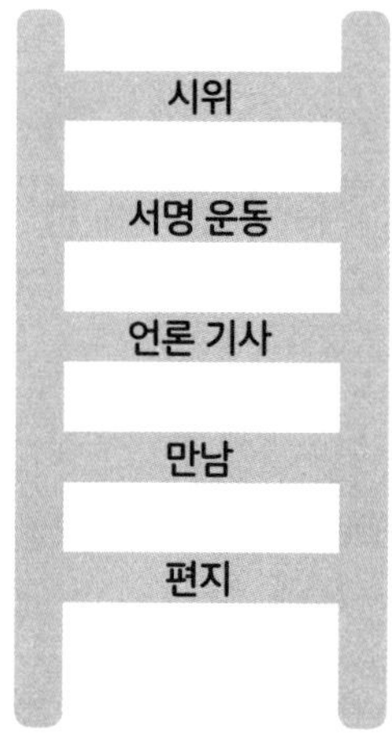

편지 보내기

힘을 가진 사람들과 직접 소통하는 가장 효과적인 방법 중 하나는 편지나 이메일을 보내는 것이다. 편지로 정치인에게 어떤 법안을 찬성하거나 반대하도록 요구할 수 있고, 기업인에게 특정 상품의 판매를 중단하라고 요구할 수도 있다. 편지에는 변화를 일으킬 수 있는 잠재력이 있다.

편지 쓰는 법

훌륭한 편지를 쓰는 능력은 힘 있는 사람들을 캠페인에 동참하도록 설득하는 데 매우 중요하다. 높은 자리에 있는 사람들은 수많은 캠페인 단체로부터 비슷한 이메일을 수천 통씩 받을 것이다. 그저 그런 편지들 사이에서 눈에 띄려면 편지를 받는 사람의 상황에 맞게 자신의 목소리로 작성해야 한다. 다음 다섯 가지 원칙을 지킨다면 누구나 훌륭한 캠페인 편지를 쓸 수 있다.

- 명료함
- 간결함
- 인간미
- 정확함
- 공손함

첫째는 명료함이다. 자신이 중요하게 생각하는 문제에 대해 글을 쓰거나 이야기를 하다 보면 흥분할 때가 많다. 특히 플라스틱 공해 같은 문제는 알게 모르게 장광설을 늘어놓기 십상이다. 정치인이나 기업인에게 캠페인 편지를 쓸 때는 이런 욕구를 억눌러야 한다. 주장을 펼칠 때 꼭 필요한 내용만 언급하라. 편지를 읽는 사람에게 당신이 어떤 이유로 무엇을 요구하며 어떤 대응을 원하는지 이해시키는 것이 무엇보다도 중요하다.

편지를 쓰기 전에 다음 세 가지 질문을 한 문장으로 답해보자.

1. 무엇을 요구하는가?

플라스틱 발자국을 줄이라고 요구할 것인가, 국회에서 특정 법안에 찬성표나 반대표를 던지라고 요구할 것인가? 어떤 상품의 판매를 중단하라고 요구할 것인가, 지역 환경보호 사업을 지원하라고 요구할 것인가?

반드시 한 가지만 요구할 필요는 없지만 요구가 너무 많아도 안 된다. 되도록 한두 가지에 집중하라. 편지를 받은 사람이 편지의 의도를 바로 파악할 수 있도록 첫 단락에 무엇을 요구하는지 명시하라.

2. 왜 요구하는가?

이 부분이 편지의 핵심이다. 사례 연구를 인용하거나, 개인적인 경험을 들려주거나, 플라스틱 공해를 줄여야 하는 주장을 제시할 수 있다. 지나치게 많은 내용을 나열하기보다는 당신의 요구를 구체적으로 뒷받침하는 사실과 주장만을 명확하게 설명하는 것이 좋다.

예를 들어, 정치인에게 플라스틱 식기구를 규제하는 법안에 찬성할 것을 요구한다고 생각해보자. 플라스틱 문제에 대해 사람들이 가장 많이 인용하는 수치 중 하나는 1분마다 트럭 한 대 분량의 쓰레기가 바다에 버려진다는 것이다. 이는 분명한 사실이고 큰 반향을 일으킬 수 있는 통계다.

하지만 설득력을 높이려면 최대한 구체적이어야 한다. 바다로 흘러들어가는 플라스틱 식기구에 대한 구체적인 통계자료나 플라스틱 식기구를 성공적으로 규제한 국가의 사례 연구를 제시하는 것이 어떨까?

3. 편지를 읽은 사람이 어떻게 반응하길 원하는가?

정치인에게 특정 날짜에 치러질 법안 투표에 찬성표나 반대표를 던지도록 요구할 수 있다. 커피숍 체인에 보내는 편지의 마지막 부분에는 플라스틱 없는 커피숍(플라스틱 막대나 빨대, 일회용 컵을 사용하지 않는 곳)에 대한 비전을 제시해볼 수 있다. 편지를 받은 사람이 돕는다면 우리의 바다가 플라스틱 공해에 더 이상 시달리지 않을 것이라는 사실을 긍정적인 어조로 분명하게 전달하라.

둘째는 간결함이다. 높은 자리에 있는 사람들은 항상 바쁘거나 스스로 바쁜 사람이라고 생각할 수 있다. 그러니 짧은 편지일수록 읽힐 가능성이 크다. 그들은 한 편의 에세이 같이 긴 글을 읽지 않아도 요점을 파악할 수 있는 편지를 좋아한다. 그렇다면 얼마나 짧게 써야 할까? 우편으로 보낼 경우 A4 용지 한 장이면 충분하다.

알고 있는 모든 사실과 수치를 열거하고 싶은 충동이 들겠지만 그럴 경우 당신의 '요구'는 묻혀버리고 편지를 받는 사람은 혼란에 빠질 것이다. 한 가지 요점에 대해 관련 사실이나 수치는 한 개씩만 들자. 이때 당신의 주장을 가장 효과적으로 뒷받침하거나 편지를 읽는 사람의 관심을 최대한 끌 수 있는 것으로 골라야 한다. 중요하다고 생각하는 보고서나 신문기사를 요약해 적고 싶은 마음도 들겠지만, 그럴 경우 이미 얼마 안 되는 공간을 너무 많이 차지할 것이다. 편지 본문에는 보고서나 신문기사의 출처만 간단히 언급하고 편지 수신인이 시간이 날 때 읽을 수 있도록 사본을 보내고, 이메일로 보낼 경우에는 링크를 삽입하라.

셋째는 인간미이다. 수치와 사실은 주장의 신빙성을 높이고, 헤드라인이나 소셜 미디어에서 사람들의 시선을 사로잡는 데 유용하다. 그러나 수치만 열거하거나 관련성이 떨어지는 사례까지 모조리 언급하지 않도록 주의하라.

당신이 어떤 사람인지, 편지에서 언급한 문제가 당신에게 왜 중요한지에 대해 조금이라도 이야기하라. 아이에게 줄 크리스마스 선물을 고르다가 기업이 일회용 플라스틱 포장을 무분별하게 사용한다는 사실을 깨닫고 화가 났는가? 이처럼 개인적인 경험을 들려준다면 편지를 받은 사람은 당신에게 인간미를 느낄 것이다.

사람들은 신문이나 TV에서 얻은 조언보다 가족이나 친구처럼 주변 사람들에게 얻은 조언을 더 깊이 받아들이므로, 편지를 읽는 사람에게 당신이 어떤 사람인지 조금이라도 알려주자. 평소 자주 가는 슈퍼마켓에 편지를 쓴다면 당신이 단골임을 반드시 언급하라. 단골 고객의 의견은 분명 관심을 끌 것이다. 검둥오리나 쇠물닭이 플라스틱 조각으로 둥지를 짓는 것을 목격하거나 좋아하던 해변이 음료수 병으로 더럽혀진 가슴 아픈 경험이 있는가? 사소한 경험일지라도 편지를 읽는 사람이 당신을 이해하는 데 도움이 된다면 주장을 뒷받침하는 데 효과적이다. 그 역시 비슷한 경험을 했을지 누가 알겠는가?

넷째는 정확함이다. 편지를 다 쓰고 나면 다시 훑어보자. 맞춤법이나 오타는 글의 품격을 떨어트린다(친구에게 확인을 받는 것도 좋은 방법이다). 편지에서 어떤 주장을 펼쳤다면, 나중에 관련 사항에 대해 질문을 받을 경우를 대비해 뒷받침할 수 있는 자료를 준비해두어야 한다. 자료를 제시할 때에는 되도록 신중하라. 이를테면 '매년 바다로 흘러들어가는 플라스틱은 1,270만 톤이다'라는 문장보다는 '매년 바다로 흘러들어가는 플라스틱은 최대 1,270만 톤이다'라는 문장이 바람직하다. 과장된 내용은 신빙성이 떨어져 편지를 읽는 사람은 당신의 요구까지 신뢰하지 않을 것이다. 모든 주장마다 일일이 근거를 명시할 필요는 없지만 편지를 보낸 후 관련된 질문을 받았을 때 주장을 뒷받침할 자료의 출처를 곧바로 제시할 수 있어야 한다.

다섯째는 공손함이다. 화를 내거나 공격적인 태도를 보이지 말고 공손한 어조를 유지해야 한다. 짜증을 불러일으키는 편지와 용기를 북돋아주는 편지를 받았다면 당신은 어떤 편지에 답하겠는가? 조롱이나 비방은 절대 안 된다. 편지를 받는 사람을 최대한 정중하게 대하라. 예의를 갖춘 편지일수록 읽힐 확률이 높다.

이제까지 설명한 다섯 가지 원칙을 모두 지켰다면 당신의 캠페인 편지는 분명 훌륭할 것이다. 이제 '전송' 버튼을 클릭하거나 우표를 붙이자. 다음 페이지에 예시로 제시된 편지도 한 번 참고해보라.

누군가를 설득하는 가장 효과적인 방법은
마음에서 우러나오는 이야기를 들려주는 것이다.

완Wan 의원님께

무엇을 요구하는가?

저희 지역을 관할하시는 완 의원님에게 이렇게 편지를 보내는 이유는 저희 동네 공원에 더 많은 음수대가 필요하다는 사실을 말씀드리기 위해서입니다. 저는 조깅을 하러 공원에 자주 가는데, 지난 몇 년 동안 바닥에 나뒹구는 플라스틱 쓰레기가 눈에 띄게 늘었습니다. 물론 쓰레기통이 있지만 날씨가 좋아 많은 사람이 공원을 찾고 나면 쓰레기통이 넘쳐 주변이 더러워집니다. 문제를 해결하기 위해서는 공원에 음수대를 늘려야 합니다.

왜 편지를 쓰는가?

공원에서 가장 많이 버려지는 플라스틱 쓰레기 중 하나는 플라스틱 병입니다. 플라스틱 병과 뚜껑은 해변과 바다에서도 많이 발견됩니다. 공원에 있는 플라스틱 쓰레기도 바람에 굴러다니다가 강이나 운하로 흘러들어가고 결국 바다에 도달할 수 있습니다. 플라스틱 병은 썩는 데 400년 넘게 걸립니다. 지구 곳곳에서 플라스틱 공해는 날로 심각해지고 있고, 세계 최대 탄산음료 업체가 1년 동안 생산하는 플라스틱 병은 1,200억 개에 달하며, 1분마다 전 세계에서 100만 개의 플라스틱 병이 소비됩니다. 이대로라면 플라스틱이 바다로 흘러들어가는 것을 막을 수 없습니다.

관심을 끌 통계

플라스틱 공해를 줄이는 데 가장 효과적이라고 밝

주장을
뒷받침하는
사례

요구와
직접적으로
관련된 증거

인간미를
느끼게 해주는
내용

혀진 방법은 플라스틱 생산을 줄이는 것입니다. 플라스틱 병 생산을 감소시키는 일은 어렵지 않습니다. 사람들이 물병을 들고 다니면 됩니다. 공원에 음수대가 많을수록 물병에 물을 받아 마시는 사람이 늘어날 것입니다. 물병이 없는 사람이라도 음수대에서 바로 물을 마실 수 있으므로 페트병에 든 생수를 살 필요가 없습니다. 런던동물협회가 운영하는 런던동물원과 셀프리지스Selfridges 백화점도 음수대 숫자를 늘리고 생수 판매를 전면 중단했습니다. 플라스틱 병에 관해 영국 환경감사위원회Environmental Audit Committee가 발표한 보고서에 따르면, 음수대를 설치할 경우 플라스틱 병 사용을 65퍼센트 줄일 수 있다고 합니다. 사람들이 버리는 플라스틱 병이 65퍼센트나 감소한다면 공원에 굴러다니는 플라스틱 쓰레기가 눈에 띄게 줄 것입니다.

저는 저희 동네 공원을 좋아하지만 플라스틱이 연못에 떠 있거나 울타리에 사이에 끼어 있는 모습을 보면 화가 납니다. 이웃이 마을이 더러워져도 상관하지 않는 무책임한 사람들로 오해받을까봐 친구나 가족이 찾아왔을 때는 부끄럽기도 합니다. 그런데도 저 역시 플라스틱 병에 든 생수를 사 먹을 때가 있습니다. 생수를 사 먹는 것 말고는 다른 방도가 없기 때문입니다. 의원님께서 공원에 음수대 숫자를 늘리는 방안을 빠른 시일 안에 검토해주신다면 저뿐만 아니라 많은 사람이 고마움을 느낄 것입니다. 직접 만나 뵙고

편지를 받는 사람에게 기대하는 반응	더 많은 이야기를 나눌 수 있길 바랍니다. 답장은 발신인 주소로 보내주시길 부탁드리며, 전화를 주신다면 XXXXXXXX로 걸어주시기 바랍니다. 윌 맥컬럼 올림

만남

타깃 인물에게 편지를 쓴 다음 만남을 요청할 수도 있겠지만 이미 아는 사이라면 바로 만날 수도 있다. 어떤 경로든 얼굴을 마주보고 이야기하는 것은 아주 중요하다. 수개월 심지어 수년 동안 지지부진했던 캠페인이 기업인이나 정치인과 직접 만나 대화하고 나면 급물살을 타는 경험을 난 여러 번 겪었다. 타깃 인물과 직접 만나 대화하는 것은 캠페인을 진척시키는 데 가장 효과적이므로 캠페인 초기뿐 아니라 어떤 단계에서든지 구사할 수 있는 전략이다.

모든 정보를 편지로 전달했는데, 굳이 만나야 할 이유는 무엇일까? 누군가와 얼굴을 마주보고 이야기하면 언어뿐 아니라 당신의 모든 행동이 상대방을 설득하는 데 도움이 된다. 상대방이 당신 역시 자신과 다르지 않은 사람이라는 사실을 깨달으면 당신의 주장을 이해하려고 노력할 것이다.

● 만남 준비

만남 준비 방법은 편지 작성 방법과 거의 같다. 이야기할 내용의 주요 논점을 간략하고, 명확하고, 정확하면서도, 인간미가 느껴지는 글로 적어놓자. 쉽게 긴장하는 성격이라면 상대방이 앞에 있다고 상상하고 소리 내어 몇 번 연습해보라. 이야기하면서 제시할 사실 한두 가지도 메모해두자. 상대방이 가장 공감할 수 있는 내용을 골라야 함을 잊지 말라.

가능하다면 친구나 동료와 함께 찾아가자. 그가 당신과 함께 발언을 해주겠다고 하면 서로 어떻게 나누어서 발언을 할지 미리 계획하라. 친구나 동료가 함께 발언해주지는 않고 그저 곁에 있어준다고만 해도, 당신의 뜻에 함께하는 사람이 있다는 것을 상대방에게 보여줄 수 있다.

만남에 필요한 준비물을 생각해보라. 상대방이 읽으면 좋을 보고서가 있는가? 그렇다면 복사본을 챙겨라. 커피숍 체인에 일회용 컵 대신 머그컵을 사용하라고 요청할 계획인가? 그렇다면 괜찮은 머그컵을 한두 종류 준비해두자. 근처 해변이나 공원이 어떤 기업의 제품 때문에 더럽혀졌는가? 상대방에게 보여줄 사진을 찍어놓자. 주장을 입증할 수단이 많을수록 성공적인 만남이 될 것이다.

● 만나는 동안의 자세

만남의 궁극적인 목적은 여정을 함께할 새로운 동지를 만드는 것임을 반드시 기억하라. 당신 앞에 있는 사람과 그가 속한 조직을 당신의 여정에 동참시키기 위해 여기까지 온 것이다. 그가 말과 행동으로 당신을 불쾌하게 하거나 당신의 입장을 이해하지 못하더라도 처음 만나는 자리에서는 예의를 갖추어야 한다. 동료나 친구가 동행했다면 대화 내용을 메모해달라고 부탁하라. 만남이 끝나고 나면 어떤 이야기가 오갔고 어떤 합의가 이루어졌는지 전부 떠올릴 수 없다. 메모를 보면 기억을 살리는 데 도움이 될 것이다.

상대방은 당신에게 먼저 말하라고 할 것이다. 그렇다면 우선 주요 논점을 미리 연습한대로 간략하게 설명하라. 이때 너무 많은 시간을 할애하면 본격적인 이야기를 나눌 시간이 부족해진다. 초장부터 손안에 있는 패를 모두 내놓지 않아도 된다. 앞으로 이어질 대화에 대비해 간직해두자. 당신이 무엇을 요구하는지 정확하게 알리는 데 주력하라. 설명이 끝나면 상대방에게 궁금한 점이나 특별히 지적하고 싶은 점이 있는지 묻고 당신의 제안에 대해 어떻게 생각하는지 답변을 요청하라.

대화 동안 논점에서 벗어나지 않도록 주의하라. 뜻하지 않게 말이 길어졌다면 양해를 구한 뒤 다시 논점으로 돌아가라 (손목시계를 차고 가 발언 시간을 체크해도 좋다). 직접 만나 대화하는 것은 훌륭한 설득 방법이지만 상대방이 어떤 결정을 바로 내릴 수 있는 위치에 있지 않을 수 있다. 공격적으로 다그치면 당황할 것이다. 상대방이 당신의 요구에 대해 어떤 확실한 약속도 해주지 않는다면 중요한 내용을 몇 가지 더 설명하고 다음 만남을 기약하면서 대화를 마쳐라. 대화하는 동안 답하지 못한 질문이 있다면 메모해놓은 뒤 나중에 답을 주겠다고 약속하라.

논점을 설명했고, 상대방의 입장을 듣고 그의 질문에 답해주었으며, 그가 어떤 사람인지 어느 정도 파악했다면, 이제 마무리할 차례다. 서로 합의한 사항을 다시 한번 언급하고 관련 내용을 이메일이나 편지로 정리해서 보내주겠다고 약속하라. 이메일이나 편지를 보낼 때에는 대화 내용을 요약하고 답해주지 못했던 질문에 답을 한 뒤, 당신의 요구를 다시 상기시키고 언제쯤 답장을 받을 수 있을지 물어라.

타깃 인물을 만나는 것이 생각보다 간단한 일처럼 들릴 것이다. 실제로 어려운 일이 아니기 때문이다. 말솜씨가 유려하다면 좋겠지만 논점을 일목요연하게만 알려도 훌륭한 협상가가 될 수 있다. 타깃 인물을 만난 후에도 캠페인에 별 성과가 없을지도 모른다. 흔한 일이니 낙담하지 말자. 타깃 인물이 단 한 번의 만남으로 행동에 나서는 경우는 거의 없다. 여러 번 만났는데도 결단을 내리지 않는다면 사다리를 한 계단 더 올라가야 한다. 그렇더라도 이제까지 설명한 원칙에 따라 타깃 인물을 만나는 데 성공했다면 어쨌든 훌륭하게 첫발을 내딛은 셈이다.

만남의 궁극적인 목적은
여정을 함께할 새로운 동지를 만드는 것임을
반드시 기억하라.

언론매체 활용

지역주민이 지역의 기업인이나 정치인을 상대로 캠페인을 벌이면 지역 언론은 주목한다. 지역 언론이 가장 원하는 기삿거리는 지역에서 벌어지는 진짜 이야기다. 광고와 그저 그런 행사 소식이 가득한 지역 언론매체의 기자들은 독자나 시청자의 눈길을 끌 사건을 간절히 원한다. 당신과 당신의 캠페인을 다루고 싶어하는 기자가 있다면 축하한다. 기자들이 당신의 캠페인이 기삿거리가 될지 확신하지 못하더라도 그들을 설득해 보자.

언론을 끌어들이는 것이 부담스러울 수도 있다. 하지만 기사에 대한 최종 책임은 기자에게 있음을 기억하라. 당신은 기자에게 도움을 제공하는 것이다. 단, 별것 아닌 정보로 귀찮게 해서는 안 된다. 기자의 임무는 새로운 소식을 찾는 것이므로 같은 이야기를 반복하며 그들의 시간을 빼앗아서는 안 된다. 새로운 소식이 있을 때만 연락한다면 기자와 당신은 좋은 관계로 발전하고 당신의 정보는 신뢰받을 것이다.

언론의 관심을 끄는 법

우선 보도자료를 만들자. 보도자료란 제보자가 제보자의 연락처와 함께 제보 내용을 요약한 유인물이다. 이메일로 보도자료를 보낸다면 첨부파일로 보내지 말고 이메일 본문으로 보내라. 첨부파일 때문에 스팸 메일함으로 보내질 수 있기 때문이다.

보도자료의 제목은 어떤 이야기인지 한눈에 알 수 있는 것으로 정하고, 이메일 제목도 보도자료와 통일하라. 시의회가 1년 동안 사용하는 일회용 컵에 대해 알리고 싶다면 '시의회가 1년에 10만 개의 일회용 컵을 사용하는 실태를 지역 캠페인이 폭로하다'라는 문장으로 시작할 수 있을 것이다. 탄원서 형식으로 작성한다면, '시의회는 잘못된 행태를 바로잡고 해양 플라스틱 오염을 막기 위해 노력하라는 시민들의 요청에 귀를 기울이라'로 할 수 있다. 첫 문장은 읽는 사람의 눈길을 단번에 사로잡도록 최대한 강렬해야 한다.

주요 논점을 명확하게 짚어주고 신속하게 소식을 전할수록 훌륭한 보도자료다. 그러므로 글 솜씨가 아주 뛰어나지 않는 이상 서술형보다는 기호나 번호를 매기는 개조식이 좋다. 대략 다섯 개의 기호나 숫자로 중요한 통계와 배경 사실을 간략하게 설명하라. 앞으로 일어날 것으로 예상되는 중요한 일 중에서 기사에 다뤄지길 원하는 게 있다면 그 내용도 끝부분에 언급하라. 개조식에 이어서 사건의 내용과 중요성, 필요한 대책을 서술형으로 짧게 풀어써도 좋다. 이때 전문용어나 어려운 표현은 피하고 최대한 쉽게 설명하라. 보도자료를 받은 기자는 해당 사건을 처음 접했을 가능성이 높으므로, 몇 분 안에 읽어도 이해하기 쉽도록 압축적이면서도 명확하게 작성해야 한다.

작성자나 대변인의 인용 문구는 보도자료에서 아주 중요한 부분이다. 캠페인의 목적을 구어체로 설명하는 인용 문구를 포함시키고 말한 사람의 이름과 직책을 명시하라. 이 부분은 당신의 제보가 기사화되면 있는 그대로 나갈 부분이다. 보도자료 마지막에는 기자가 연락할 수 있는 전화번호나 이메일 주소를 적어라.

사진처럼 시선을 집중시키는 것은 없다. 보도자료 내용과 관련한 사진이 있다면 내용을 이해시키는 데 큰 도움이 될 것이다. 휴대전화로 찍은 사진도 괜찮다. 사진을 파일로 첨부한다면 스팸 메일함으로 보내질 수 있으니 플리커Flickr 같은 서비스를 이용해 온라인 앨범으로 만든 다음 보도자료 끝에 링크를 삽입하라.

'전송' 버튼을 누르기 전에 두 번 이상 읽어보라. 가능하다면 친구에게도 검토해달라고 하자. 기자는 글을 쓰는 사람이기 때문에 철자나 맞춤법에 예민하다. 제목은 굵은 글씨로 표시하고, 단락을 잘 구분하고 기호나 번호를 매겨 일목요연하게 정리하라. 최종 점검을 마쳤으면 보내도록 하자. 아침 일찍 보낸다면 같은 날 회신을 받을지도 모른다. 당신이 사는 곳의 지역 신문이 일주일에 한 번씩만 발행된다면 발행일로부터 대략 48시간 전에는 보내야 다음 호에 실릴 가능성이 높다.

라디오, TV 방송국, 신문사에 보도자료를 보냈으면 이제 전화를 돌리자. 캠페인을 통해 이미 친해진 기자가 있으면 가장 먼저 알려라. 흥미로운 기삿거리를 제공한다면 고마워할 것이다. 친분이 있는 기자가 없다면 인터넷이나 신문에서 보도국 전화번호를 찾아보라. 전화를 걸기 전 보도자료를 다시 읽어보고, 상대방이 수화기를 들었을 때 어떻게 이야기를 시작할지 리허설을 해보자. 상대방이 관심을 보이면서 자료를 다시 보내 달라고 요청할 수 있으니 컴퓨터 앞에 앉아 전화를 거는 것이 좋다.

그린피스가 플라스틱 병 줄이기 캠페인에 사용한 보도자료를 참고해보자.

눈길을 끌 강렬한 제목

* 그린피스, 세계 최대 음료업체의 플라스틱 발자국 폭로 *

간략한 배경 설명

영국 그린피스가 세계 최대 음료업체인 코카콜라, 펩시코, 선토리, 다농, 닥터 페퍼 스내플, 네슬레의 플라스틱 배출량과 플라스틱 관련 정책을 대대적으로 다룬 첫 보고서를 발표했다.

플라스틱 병이 해양 플라스틱 오염의 주범인데도 불구하고, 음료업계는 자신들이 생산한 플라스틱 병이 바다로 흘러들어가는 것을 막기 위해 그 어떤 진지한 노력도 하지 않는다는 사실이 이번 보고서에서 드러났다.

기사에 언급되길 원하는 인용문 중 중요한 부분

영국 그린피스의 루이스 에지 해양캠페인 선임운동가는 "조사 결과는 입을 다물 수 없는 지경이다. 바다를 보호하기 위해서는 플라스틱 시대를 끝내야 한다. 음료업체들은 지금 당장 결단을 내려야 한다!"라고 말했다.

보고서 주요 내용

주요 논점. 흥미로운 부분은 굵은 글씨로 표시

- 6개의 조사 대상 기업 중, 5개 기업이 **생산하는 플라스틱 병을 합치면 매년 200만 톤이 넘는다. 이는 흰긴수염고래 1만 마리가 넘는**

중요한 수치는 첫 부분에 명시

무게다.

- **세계 최대 음료업체인 코카콜라가 플라스틱 배출량을 공개하지 않았기** 때문에 실제 수치는 훨씬 높을 것으로 본다.
- 조사 대상 기업들이 사용하는 다른 플라스틱 포장이나 비닐까지 합치면 **1년에 무려 360만 톤**에 이른다(이 역시 코카콜라는 제외한 수치다).
- 6개 기업은 100퍼센트 재활용이 가능한 재료로 플라스틱 병을 만들고 소비자에게 분리배출을 요구하지만 **플라스틱 병 생산에 재활용 플라스틱을 사용하는 비율은 평균 6.6퍼센트에 불과**하다.
- **일회용 플라스틱 병 생산을 줄이겠다고 약속하거나 그러한 목표 또는 계획을 발표한 기업은 단 한 군데도 없다.**
- 조사 대상 중 3분의 1이 **플라스틱 병에 재활용 플라스틱 함량을 늘릴 계획이 없다. 단 한 군데도 구체적인 시기 안에 100퍼센트 재활용 플라스틱으로만 된 병을 생산할 계획이 없다.**
- 6개 조사 대상 중 4곳은 **제품 설계와 개발 과정에서 플라스틱 병이 해양에 끼치는 영향을 고려하지 않는다.**
- 지난 10년 동안 음료업계는 **재사용할 수**

여기에서처럼 수치가 많지 않아도 된다. 관련 사실을 어떻게 제시해야 하는지 보여주는 예시일 뿐이다.

있는 용기를 계속 줄이면서 더 많은 제품을 일회용 플라스틱으로 전환했다.

- 조사 대상 중 3분의 2가 **빈 병 보증금 제도 도입에 반대하는 정책을 펴고 있다.** 빈 병 보증금 제도를 시행한 국가들에서는 재활용 및 수거 비율이 80퍼센트 이상으로 증가했고, 독일은 98퍼센트가 넘는다.

영국 그린피스의 해양캠페인 선임활동가인 루이스 에지는 다음과 같이 말했다.

기사에 나갈 인용문. 말한 사람의 이름과 직책을 명시하라.

"우리의 삶은 플라스틱 쓰레기로 뒤덮여 있다. 매년 1,200만 톤이 바다로 흘러들어가 몇 세기 동안 썩지도 않고 해양생물을 괴롭히며 유해한 화학물질을 퍼트린다. 우리는 플라스틱 병이 해양 오염의 주범이라는 사실을 잘 알고 있으며, 영국에서만 하루에 1,600만 개가 버려진다.

세계 최대 음료업체들은 수백만 톤의 플라스틱 병을 생산하면서도 환경오염은 자신의 탓이 아니며 원인은 다른 곳에 있다고 말한다. 이번 보고서 결과는 입을 다물 수가 없는 지경이다. 바다를 보호하기 위해서는 플라스틱 시대를 끝내야 한다. 음료업체는 당장 결단을 내려야 한다. 일회용 플라스틱 사용을 단계적으로 줄이고 재사용이 가능한 용기로 최대한 전환해야 한다. 재사용할 수 없는 용기는 재활용 플라스틱으로만 만들어야 한다."

편집자 참고사항

사진이나 관련 자료는 이메일 본문에 링크를 삽입하라.

- 그린피스의 보고서 〈더 이상 방관할 수 없는 문제 : 해양 플라스틱 공해에 대한 세계 최대 음료업체들의 책임 회피Bottling It: the failure of major soft drinks companies to address ocean plastic pollution〉의 전문은 다음 링크에서 확인할 수 있습니다.
  https://storage.googleapis.com/gpuk-static/legacy/Bottling-It_FINAL.pdf
- 다음 링크에 접속하면 해양 플라스틱 오염과 관련한 사진들을 볼 수 있습니다(등록한 후 다운로드 받을 수 있습니다. 다른 곳에 게재할 때에는 출처를 명시하시기 바랍니다).: http://media.greenpeace.org/collection/27MZIFJJAYYJJ
- 필요하시면 영상 파일을 보내드리겠습니다.

연락처

자세한 정보나 더 많은 인터뷰 또는 발표 자료를 원하시면 루크 매시에게 연락하시기 바랍니다.

자신의 이야기를 신문이나 방송에서 접하게 되면 무척 뿌듯하다. 캠페인 활동을 하면서 가장 감격스러운 일 중 하나가 언론매체에 소개되는 것이다. 기대와 달리 머리기사를 장식하지 못했더라도 실망하지 말자. 아무리 큰 캠페인이라도 그렇게 큰 관심이 쏠리는 경우는 드물다. 기자들은 하루 동안 일어난 수많은 일 중 가장 중요한 사건을 골라야 한다. 기자에게 당신의 이야기는 여러 사건 중 하나였을 것이다.

이러한 이유에서 소셜 미디어가 중요하다. 기자들이 쏟아지는 뉴스에 정신이 없더라도 소셜 미디어라면 당신의 이야기를 그들에게 바로 전할 수 있다(이메일로 보도자료를 보냈지만 답장을 받지 못했다면 트위터로 다시 한번 알릴 수도 있다).

이 모든 과정을 거쳤는데도 답변을 받지 못했다면 독자란에 투고해보자. 다른 독자들의 글을 꼼꼼히 읽어보고 주로 어떤 어조와 길이의 글이 실리는지 분석하라. 독자란 투고는 기자들의 관심을 끌 수 있는 훌륭한 방법이다.

서명 운동

캠페인 타깃 인물에게 편지를 쓰고 만남도 요청했으며 언론매체의 문까지 두드려봤지만 여전히 큰 성과가 없는가? 그렇다면 더 많은 사람의 힘을 모아야 한다.

서명 운동은 그 어느 때보다도 쉬워졌다. 수많은 온라인 캠페인 단체에서 도움을 얻을 수 있기 때문이다. 체인지Change.org, 아바즈Avaaz, 38도38 Degrees와 같은 단체에서는 서명지를 전 세계로 전송해주는 서비스를 제공한다. 원하는 단체의 홈페이지를 방문해 서명지를 만들자. 문제가 무엇인지 잘 알고 목표가 분명하다면 어렵지 않게 작성할 수 있다.

• 서명 받기

서명지를 보내기만 하면 몇 분 안에 수천 명의 서명을 받을 수 있을 거라고 기대하겠지만, 그렇지 않더라도 실망하지 말라. 지극히 정상적인 상황이다. 가능한 경로를 모두 활용해야 한다. 우선 소셜 미디어에 서명 운동을 알리고 주변 사람들에게 이메일을 보내자. 서명한 사람들에게 다른 사람들에게도 전해달라는 요청을 잊지 말자. 그러다 보면 서명지를 받는 사람이 점차 늘어날 것이다. 친구나 가족 중 소셜 미디어 팔로워가 많은 사람이 있다면 서명지를 계정에 올려달라고 부탁하라. 온라인에서 유명인사인 사람이 당신의 이야기를 알린다면 수많은 사람이 몰려들 것이다.

우선 한두 주 동안 지켜보고 서명자가 꾸준히 있다면 200명을 목표로 하라. 200명 정도면 정치인이나 기업의 관심을 끌 수 있다. 주변 사람 모두에게 서명지를 보내고 캠페인 타깃 인물이 있는 곳 근처나 플라스틱으로 오염된 장소에 서명운동 링크 팻말을 세운다면 충분히 성공할 수 있다.

서명지 제출

목표한 숫자를 달성했든, 선거철이 다가오고 있든, 그밖에 다른 이유에서든, 서명지를 제출할 때가 되었다면 어떻게 전달할지 고민해야 한다. 가령 소품을 사용하는 건 어떨까? 서명한 사람의 숫자만큼 종이 빨대를 준비하거나 서명인 숫자를 커다랗게 인쇄한 보드지를 준비하면 그럴듯한 사진이 찍힐 것이다. 서명을 한 사람들이나 서명 운동을 도운 사람들과 함께 제출해도 좋다. 타깃 인물과 차를 마시면서 서명지를 전달하고 서명인 숫자를 알려주는 조금 가벼운 모임의 형태를 띨 수도 있다.

사다리 꼭대기에 거의 올라와 있는 지금 단계에서라면 당신은 캠페인 타깃 인물과 몇 번 만나면서 그가 캠페인에 대해 어떻게 생각하는지 파악했을 것이다. 그렇다면 기회를 잘 봐서 서명지를 제출하기에 좋은 시기를 정해 타깃 인물에게 통보하라. 그가 직접 받을지 아니면 다른 누군가를 보낼지 알려줄 것이다(사실 난 우편함에 쑤셔넣어야 할 때가 많았다. 상대방이 사람들의 이목이 집중되는 걸 원하지 않았기 때문이다). 서명지 제출 계획을 지역 언론매체에 알려줘도 좋다. 이왕이면 이미 당신의 캠페인을 보도한 매체와 연락하자. 기자가 오지 않더라도 사진을 찍을 사람을 지정해두어야 한다. 제출 모습을 사진으로 찍어 서명인들에게 보내주고 소셜 미디어에 올려라.

이제까지 타깃 인물을 만나지 못했더라도 서명지를 제출하고 나면 곧 만남이 이루어질 것이다. 만약 그렇지 않다면 사다리에서 한 계단 더 올라가야 한다.

시위

시위라고 하면 성난 얼굴로 플래카드를 흔들며 때로는 과격한 복장을 한 사람을 연상할 수도 있다. 이러한 시위자들은 정당한 이유로 거리에 나왔고 훌륭한 업적을 이루었지만 내가 말하고 싶은 시위자의 모습은 아니다. 그와 같은 거리 시위는 이 책에 나온 사다리보다 더 높은 사다리다. 거리 시위에 도전하고 싶다면 이론과 실행 방법에 관한 여러 정보를 어렵지 않게 구할 수 있다.

내가 의미하는 시위는 타깃 인물과 만나기 위한 정교한 전략이다. 다시 말해 타깃 인물의 관심을 집중시키기 위한 행위다. 타깃 인물과의 만남을 성사시킬 수 있는 시위 방법은 일일이 열거하기 힘들 정도로 무수히 많지만 여기서 몇 가지만 소개하겠다.

● 사진을 올려 잘못 알리기

캠페인에 사람들의 이목을 끌어 타깃 인물을 압박하는 가장 간단한 방법 중 하나는 무엇이 잘못되었는지 널리 알리는 것이다. 빨대 규제 캠페인을 펼치고 있다면 서명 운동에 참여한 사람들에게 길거리나 음식점 또는 커피숍 바닥에 굴러다니는 빨대 사진을 찍어달라고 부탁하라. 찍은 사진을 소셜 미디어에 올리고 캠페인 타깃을 태그하여 왜 행동에 나서지 않는지 묻자. 어떤 기업이나 정치인도 부정적인 이미지와 연관되길 원하지 않는다. 사진은 그들에게 잘못을 깨닫게 하고 문제를 해결할 기회를 주는 효과적인 수단이다.

• 크래프티비즘

크래프티비즘craftivism은 수공예를 뜻하는 'craft'와 행동주의를 뜻하는 'activism'의 합성어다. 서명 운동에 참여한 사람들 그리고 주변 사람들과 함께 캠페인 타깃에게 직접 만든 작은 물건을 보내라. 종이로 만든 물고기일 수도 있고 해변에서 주은 플라스틱 조각으로 채운 유리병일 수도 있다. 누구나 작고 귀여운 물건에 마음을 뺏기기 마련이다. 물론 한꺼번에 수백 개씩 받는다면 얘기가 달라질 수도 있지만 말이다. 크래프티비즘은 유쾌한 방식으로 행동을 촉구하는 멋진 전략이다.

• 온라인 시위

서명 운동에 참여한 사람들과 함께 타깃 회사의 임원이나 지역구 의원에게 트위터 메시지를 보내라. 사람들이 이용할 수 있도록 샘플 메시지를 만들어도 좋다. 타깃 인물의 페이스북을 공략해 행동에 나서라는 메시지를 남길 수도 있다. 소셜 미디어는 타깃을 압박하는 데 효과적이다. 한걸음 더 나아가 캠페인 참가자에게 타깃 기업의 고객만족센터로 항의 전화를 걸도록 할 수도 있다.

• 계산대에서 플라스틱 포장 벗기기

과대포장에 대한 소비자의 불만에 꿈쩍도 안 하는 기업이 많다. 그들의 관심을 끌 방법 중 하나는 상점 계산대에서 포장을 벗기는 것이다. 애초에 너무 많은 쓰레기를 만든 것은 우리의 잘못이 아니다. 집에 쓰레기가 쌓이는 걸 더 이상 참지 못하겠다면 물건을 살 때 양해를 구한 다음 그 자리에서 포장을 벗겨라. 직원이 불쾌해한다면 반드시 사과하라. 그 역시 잘못한 것이 없다.

• 판매자에게 돌려보내기

계산대에서 포장을 벗기는 일이 도저히 엄두가 안 난다면(걱정하지 마라. 대부분의 사람이 그렇다), 물건을 만든 회사에 돌려보내자. 마트나 인터넷 쇼핑몰에서 물건을 주문했는데 엄청난 플라스틱을 사용해 포장했다면 모두 모아서 반송하라. 마이크로비즈가 들어간 제품이나 플라스틱 막대로 된 면봉이 집에 굴러다닌다면 만든 회사에 반품하라. 이때 제품을 돌려보내는 이유를 알리고 돌려받은 제품을 어떻게 재활용할 계획인지 물어라.

편지 보내기부터 시위에 이르기까지 다양한 캠페인 방식을 통해 사람들을 변화의 노력에 동참시킬 수 있다. 캠페인을 시작하는 사람들 대부분은 스스로 무언가를 주도하며 적극적으로 행동한다는 생각에 즐거움을 느낀다. 물론 지칠 때도 있다. 원하는 방향으로 일이 흘러가지 않으면 힘이 빠지기 마련이다. 그러므로 달성 가능한 목표를 세워 우선 작게 시작한 후 점차 어려운 일에 도전해야 한다. 일회용 플라스틱 반대 캠페인을 펼친다면 지역 전체를 대상으로 하기 전 우선 커피숍이나 음식점 한 군데부터 시작하자. 지역 의회에 찾아가 플라스틱 식기 규제를 요구하기 전에 우선 회사 한 곳을 압박해 구내식당에서 더 이상 플라스틱 식기를 사용하지 않게 하자.

캠페인에는 정해진 원칙이 없다. 자신에게 가장 잘 맞는 방

캠페인에는 정해진 원칙이 없다.
자신에게 가장 잘 맞는 방법은
경험을 통해 스스로 터득해야 한다.

법은 경험을 통해 스스로 터득해야 한다. 기업인과 정치인을 포함해 다양한 사람을 만나며 경험을 쌓고 그들을 설득하는 법을 깨닫게 되면 관심을 얻을 새로운 전략과 방법을 발견할 것이다. 캠페인이 성공하면 반드시 승리를 기념하라. 플라스틱과의 싸움에서 거둔 모든 승리는 축하를 받아야 한다. 캠페인에 동참한 사람들과 함께 어떤 변화를 이루었는지 뒤돌아보는 것은 앞으로도 이어질 긴 싸움을 버티는 데 꼭 필요한 일이다.

제12장

플라스틱 없는 미래는 어떤 모습일까?

나는 이 책을 통해 플라스틱을 사용하지 않는 방법을 알려주겠다고 약속했다. 현대사회가 플라스틱 시대로 정의될 만큼 플라스틱이 사람들의 삶을 점령한 상황에서, 과연 우리가 어떻게 플라스틱에서 벗어날 수 있을지 가르쳐주겠다고 했다. 답은 함께하는 것이다. 개인 각자의 역할과 행동도 중요하지만 힘을 합치면 더 큰 변화를 일으킬 수 있다. 문을 닫고 커튼을 드리운 채 방안에만 앉아 있다면 세상은 결코 나아지지 않는다. 플라스틱 공해뿐 아니라 어떤 문제도 해결책이 알아서 문 앞까지 찾아오는 경우는 없다. 어떻게 해야 플라스틱을 줄일 수 있는지에 대한 답은 우리가 함께 모여 개인, 기업, 정부에 진정한 행동을 요구할 수 있는지에 달렸다.

플라스틱을 포기하는 길은 한 가지만이 아니다. 지역과 국가마다 다양한 길이 있다. 그렇더라도 우리 모두 새겨야 할 메시지는 단 한 가지다. 엄청난 플라스틱 생산을 이제 중단해야 한다는 것이다. 버리기 문화가 도를 넘으면서 해변이 비닐로 덮였지만 그 사이로 희망의 빛이 보이고 있다. 무엇이든 한 번 쓰고 버리면서 그 쓰레기가 어디로 갈지 전혀 생각하지 않던 사회는 더 이상 지속가능하지 않다는 사실을 점차 많은 사람이 깨닫고 있다. 사람들은 플라스틱이 삶의 터전을 더럽히는 걸 보면서, 환경에 대한 장기적인 영향은 생각하지 않은 채 무조건 값싼 물건만 생산하고 소비하는 경제모델에 경각심을 갖기 시작했다. 《플라스틱 없는 삶》은 그저 집에 있는 달갑지 않은 플라스틱 쓰레기를 어떻게 처리해야 하는지에 관한 것이 아니다. 전 세계 수많은 사람이 우리가 사는 세상이 더 이상 고통받지 않으려면 플라스틱을 구시대의 유물로 만들어야 한다고 외친다. 이 책은 이들과 함께하는 방법을 안내한다.

플라스틱은 지구에서 가장 외딴 곳까지 침범했고 인간과 한 번도 접촉한 적 없는 해양생물의 배 속에서도 발견된다. 그런데도 플라스틱 생산은 여전히 증가하고 있고 다국적 기업 중 어떤 곳도 플라스틱 사용을 줄일 현실적인 계획을 내놓지 않고 있다.

나는 얼마 전 지질학자들이 암반에서 플라스틱 층을 발견했다는 충격적인 소식을 들었다. 인류의 환경파괴가 자연현상으로 나타나기 시작하는 새로운 지질 시대를 인류세anthropocene라고 부르는데 그 증거가 나온 것이다. 하지만 사람들의 경각심이 높아지면서 커다란 변화의 물결이 일고 있는 것도 사실이다. 나와 이야기를 나눈 많은 사람이 무턱대고 물건에 집착하는 현대인의 삶의 방식에 분노하고 걱정했다. 당신이 이 책을 읽은 이유는 좋아하던 해변이 플라스틱 조각으로 더럽혀졌기 때문일 수도 있고 유튜브에서 플라스틱 고리에 걸린 동물의 모습을 봤기 때문일 수도 있다. 아무 행동도 하지 않으면 그 대가가 엄청나다는 사실을 깨달은 것이다.

다른 수많은 환경문제와 마찬가지로 플라스틱 공해는 무시무시한 속도로 퍼지고 있다. 부정해도 소용없다. 플라스틱 공해가 그리 큰 문제가 아니라고 스스로에게 거짓말을 하며 마음속으로 문제를 축소시킨다면 상황은 걷잡을 수 없이 심각해져 어떤 행동으로도 손쓸 수 없게 된다. 우리는 눈앞에 닥친 막중한 임무를 받아들이고 개인과 공동체가 지닌 강력한 힘을 발휘해야 한다. 용감하게 미래로 나아가기 위해서는 세상이 처한 현실을 있는 그대로 인정하고 전 세계 수백만 명이 당신과 같은 목표로 싸우고 있음을 명심해야 한다.

물론 플라스틱에 어떤 혜택도 없다고 단정을 지어서는 안 된다. 플라스틱이 널리 사용된 것은 분명한 장점이 있었기 때문이고 누구나 그 장점을 누려왔다. 값싸고 위생적인 플라스틱 덕분에 수백만 명이 더 나은 삶을 살 수 있었다. 하지만 간밤에 즐겁게 마셨던 술이 다음날 후회를 불러오듯, 한때 좋게만 여겼던 플라스틱이 이제 폐해를 드러내고 있다.

플라스틱이 어떤 영향을 미치는지에 대한 연구가 매일같이 쏟아져 나오면서 우리가 의존하는 이 물질이 어떤 방식으로 환

플라스틱을 포기하는 길은 한 가지만이 아니다.
지역과 국가마다 다양한 길이 있다.
그렇더라도 우리 모두 새겨야 할
메시지는 단 한 가지다.
엄청난 플라스틱 생산을 이제 중단해야 한다는 것이다.

경을 변화시키는지 점차 분명해지고 있다. 앞으로는 인간의 건강이 어떤 영향을 받는지에 관한 연구도 잇달아 나올 것이고, 바다가 입는 피해의 규모도 더 정확히 밝혀질 것이다. 플라스틱이 우리 삶과 세상을 어떻게 변화시키는지 더 밝혀질수록 건강, 환경, 후손을 위해 플라스틱을 포기하려는 사람들의 열망은 커질 것이다. 기술의 발전으로 사람들은 그 어느 때보다도 활발하게 모여 소통하면서 사회를 변화시키는 데 매우 큰 역할을 하고 있다.

이 책은 플라스틱 사용을 줄이는 방법뿐 아니라, 시민으로서, 유권자로서, 소비자로서, 지역사회 구성원으로서 힘을 발휘하는 방법을 알려준다. 사람들 앞에 나서서 변화를 요구하는 것은 결코 어렵거나 과격한 일만은 아니다. 플라스틱을 포기해야 하는 이유를 다른 사람들에게 납득시키고 싶다면 상식적이고 진심을 담은 당신의 이야기를 들려주면 된다.

지금까지 가정에서 어떤 선택을 할지, 캠페인을 어떻게 시작할지, 친구, 가족, 동료에게 어떤 조언을 할지 살펴봤다. 이제 플라스틱을 포기하기 위한 여정을 떠나기 전에 다음의 원칙들을 다시 한번 떠올려보자.

- **거절하라** : 일회용 플라스틱을 거절할 수 있다면 반드시 거절하라. 우리 삶을 점령한 일회용 플라스틱을 이제는 단호히 거절해야 한다.
- **줄여라** : 집과 일터에서 플라스틱 사용을 줄여라. 플라스틱보다 더 오래 쓸 수 있는 물건으로 바꾸고, 플라스틱을 덜 사용하는 상점이나 음식점을 이용하자.
- **재사용하라** : 에코백, 텀블러 같이 여러 번 사용 가능한 친환경 제품을 항상 챙기자.
- **재활용하라** : 재활용하라. 집에서 나오는 플라스틱 쓰레기를 올바른 방법으로 폐기하고, 재활용 가능한 플라스틱은 모두 분리배출하라.

하지만 다음의 원칙이야말로 우리의 여정에서 가장 중요한 원칙이다.

- **목소리를 내라** : 친구에게 알리고, 단골 가게에 알리고, 직장 동료에게 알리고, 지역신문에 알려라. 플라스틱을 포기하는 노력은 수백만이 함께해야 성공할 수 있고, 당신의 목소리는 사람들을 끌어모으는

데 꼭 필요하다.

플라스틱은 하루아침에 사라지지 않을 것이고, 우리가 싸우지 않는다면 꿈쩍도 안 할 것이다. 플라스틱과의 싸움에서 이기려면 당신처럼 자연을 아끼고 후손 역시 우리 세대가 누렸던 바다의 아름다움을 느끼길 간절히 원하는 전 세계 수백만 명의 사람이 힘을 모아야 한다. 이미 수없이 많은 사람이 행동하고 있고, 그 여파를 전 세계에서 가장 높은 건물에 앉은 사람들까지 느끼고 있다. 플라스틱을 포기하는 일이 불가능하게 느껴질지도 모른다. 하지만 우리가 지난 3년 동안 배운 교훈은 세상이 그 어느 때보다도 빠르게 변하면서 한때 불가능한 것처럼 보였던 일들이 가능해지고 있다는 것이다. 희망의 이야기가 절실했던 지금, 새로운 사회 비전을 제시하고 미래 세대에게 더 나은 세상을 물려주기 위해 다양한 배경과 문화의 사람들이 모여 플라스틱을 포기하려는 노력에 동참하기 시작했다.

어떻게 해야 플라스틱을 포기할 수 있는지에 대한 답은

우리가 함께 모여

진정한 행동을 요구할 수 있는지에 달렸다.

감사의 말

모두가 예상했겠지만 이 책은 나 혼자만의 노력으로는 결코 나올 수 없었다. 내게 지식, 용기, 아이디어를 준 수많은 사람에게 고마움을 표시하기에는 안타깝게도 지면이 턱없이 부족하다. 영감을 준 모든 사람에게 감사의 말을 전한다. 책에 잘못된 내용이 있거나 감사의 말에 마땅히 언급되어야 할 사람이 언급되지 않았다면 전적으로 내 잘못이다.

더 나은 세상을 만들기 위한 식지 않는 열정으로 캠페인을 벌이는 멋진 그린피스 팀원들과 전 세계에서 결의와 분노로 환경 문제와 싸우면서 고군분투하지만 결코 유머를 잃지 않는 수많은 사람에게 고맙다는 말을 꼭 하고 싶다. 특히 루이스 에지, 루크 매시, 윌리 매켄지, 티자 마피라, 아리프샤 나수티온, 아프로즈 샤흐, 캐서린 게멀, 에이미 미크, 엘라 미크, 팀 미크, 레이첼 맥캘럼, 존 스타니포스, 앨리스 로스, 앵거스 맥캘럼, 제이미 심코비악, 벤 스튜어트, 에밀리 로버트슨과 펭귄 라이프팀의 모든 팀원, 앨리스 헌터, 그랜트 옥스, 서니, 브레이크프리프롬 플라스틱 캠페인 회원들이 이 책을 위해 소중한 의견과 시간을 내어주었다. 그리고 알렉산드라 세지윅, 마르셀라 테란, 아리아나 덴샴, 티샤 브라운, 엘레나 폴리사노, 루이자 캐슨, 더그 파르, 존 소벨, 에마 깁슨, 팻 벤디티, 다미안 카흐야, 딘 플랜트, 엘리자베스 와이트브레드, 로지 로저스, 폴 킨리사이드, 리베카 뉴섬, 피오나 니컬스, 프랭크 힛슨, 레이첼 머리, 엘사 리, 캐런 로스웰, 샘 하딩과 잉글랜드 농촌 살리기 캠페인, 피오나 루엘린과 런던동물협회, 해브 유 갓 더 바틀 캠페인, 해양생물보존협회, 엑스퍼디션, 시티 투 시, 환경조사국, 국제동식물보호협회, 브레이크프리프롬플라스틱, 카시아 니에두작, 데버러 매클레인, 서배스천 시니, 폴 모로조, 토리 리드, 멜리사 샤인, 그레이엄 포브스, 존 호시버, 폴라 테혼 카바할, 케이트 멜지스, 샌드라 쇼트너, 맨프레드 샌텐, 크리스천 부소, 데이비드 산틸로, 폴 존스턴, 멀리사 왕, 엘리너 스미스, 브로큰 스포크를 포함한 많은 사람과 단체가 플라스틱 여정에 함께해주었다.

나를 항상 응원하고 모든 걸 이겨내도록 도와준 가족과 친구들에게도 감사의 말을 전한다. 조 덕분에 모든 일을 즐기면서 해낼 수 있었다.

《플라스틱 없는 삶》을 만들며

북하이브는 이 책을 제작하면서 플라스틱을 줄이고자 노력했다. 한 가지 예로 책을 포장할 때 비닐을 사용하지 않았다. 또한 제품의 질을 보장할 수 있도록 어린이제품안전특별법을 모두 통과한 인쇄소와 제본소에서 책을 제작했다.

북하이브의 모체인 타임교육은 플라스틱 교구를 재활용이 가능한 원목 교구로 바꾸고 있다. 이 과정에서 우리 사회가 플라스틱에 얼마나 의존하고 있는지 알 수 있었다. 북하이브는 이 책이 인류가 지구에 어떠한 영향을 미치는지 진지하게 생각하는 계기가 될 것이라고 믿는다.

추천사

불편을 감수하는 것이 아닌!
지금 바로 행동으로 옮겨야 하는 라이프 스타일
'플라스틱 없는 삶'

오늘도 해안가에서 고래 사체가 발견됐다는 소식을 들었습니다. 사인은 또 비닐봉지입니다. 이번에는 무려 40킬로그램에 달하는 비닐봉지가 위장 속에서 발견됐다고 합니다. 더 슬픈 사실은 이 소식이 새롭지 않다는 것입니다. 매년 300만 마리 이상의 해양생물이 플라스틱 쓰레기 때문에 폐사하고 있습니다.

플라스틱 쓰레기의 어두운 그림자가 우리의 바다에, 내 이웃의 마을에, 그리고 우리 가족의 식탁 위에 드리워지고 있습니다. '편리함'을 내세워 인류 최고의 발명품이라고 칭해지던 플라스틱이 환경을 오염시키고 우리의 삶을 위협하고 있습니다.

그린피스는 플라스틱 오염의 원인이 '편리함'을 명목으로, 짧은 시간 동안 물건을 소비하고 버리는 일회용 소비문화에 근

간하고 있다고 생각합니다. 일회용 소비문화는 '생산-소비-폐기'라는 선형 시스템에 기반하며, 이는 지속가능한 환경을 위해 줄이고reduce, 다시 쓰고reuse, 재활용recycle하는 순환 시스템으로 바뀌어야 합니다. 그리고 시스템 전체의 변화는 바로 시민 한 사람 한 사람의 변화가 모여야 시작될 수 있습니다.

그린피스는 플라스틱 문제 해결을 위해 시민들과 함께 다양한 활동을 전개하고 있습니다. 플라스틱 문제에 깊이 공감하는 시민들에게 요즘 가장 많이 듣는 질문이 바로 "내가 할 수 있는 일이 도대체 뭘까요?"입니다.《플라스틱 없는 삶》은 이러한 의문을 가진 시민들이 책을 통해 공감하고 실천할 수 있는 장을 마련했다는 점에서 큰 의미가 있습니다. 그린피스 영국 사무소에서 오랜 시간 캠페인을 진행해온 윌 맥컬럼의 실제 경험을 바탕으로 구체적인 실천법을 담았다는 점이 매우 유익합니다. 또한 주변의 가족, 친구, 동료와 함께 할 수 있는 방향까지 제시하고 있어 더욱 특별하게 다가옵니다.

전 세계적으로 점점 더 많은 사람들이 물건을 한번 쓰고 버리는 것이 아니라 사용을 줄이고 다시 쓰는 생활을 선택하고 있습니다. 플라스틱 없는 삶은 불편함을 감수하는 것이 아닌 우리가 나아가야 할 당연한 삶의 방식입니다. 여러분도 이 물결에 동참하시겠어요?

그린피스 서울 사무소

그린피스

그린피스는 생태학적으로 건강하여 모든 생명체가 삶을 영위할 수 있는 깨끗하고 평화로운 세계를 만들기 위해 노력하는 글로벌 캠페인 단체다. 우리는 자연을 지키고 평화를 널리 전파하기 위해 환경파괴범들을 조사하여 폭로한다. 그리고 연약한 자연을 보호하기 위한 환경적으로 책임감 있고 사회적으로 정의로운 해결책을 실천한다. 그린피스와 함께하고 싶다면 www.greenpeace.org를 방문해보길 바란다.

#브레이크프리프롬플라스틱

#브레이크프리프롬플라스틱은 플라스틱 공해 없는 미래를 꿈꾸는 글로벌 캠페인 단체다. 2016년 9월에 시작한 이래 전 세계 1,060개가 넘는 단체들이 일회용 플라스틱을 대대적으로 줄이고 플라스틱 공해 위기를 극복하기 위한 노력에 함께해오고 있다. 이들 단체는 환경보호와 사회정의라는 가치를 공유하는 전 세계 공동의 비전 아래 각 지역사회의 노력을 이끌고 있다. 가입을 원한다면 www.breakfreefromplastic.org을 방문해보길 바란다.

지은이 **윌 맥컬럼**Will McCallum

윌 맥컬럼은 그린피스 영국 사무소의 해양 캠페인 총괄을 맡으며 플라스틱 반대 운동에 앞장서고 있다. 기회가 있을 때마다 정치인과 기업인을 만나 플라스틱 위기 해결에 동참하라고 요구한다.

남극해에 세계 최대의 보호구역을 만드는 그린피스 캠페인을 펼치고 있다. 최근에는 팀원들과 남극에 한 달 동안 머물며 플라스틱이 지구에서 얼마나 외진 곳까지 점령했는지를 조사했다. 마라톤을 즐기며 종종 카약을 타고 영국 해안을 관찰한다. 자연을 사랑하게 된 것은 할머니, 할아버지, 동화책《닥터 두리틀Doctor Dolittle》, 데이비드 애튼버러 감독이 제작한 자연 다큐멘터리 덕분이다.

옮긴이 **하인해**

인하대학교 화학공학부를 졸업하고 한국외국어대학교 통번역대학원에서 석사학위를 취득했다. 졸업 후 정부기관과 법무법인에서 통번역사로 근무했다. 글밥아카데미 수료 후 현재는 바른번역 소속 번역가로 과학, 인문사회 분야의 책을 번역하고 있다. 옮긴 책으로는《헤어》,《찻잔 속 물리학》,《블록으로 설명하는 입자물리학》 등이 있으며 계간지《한국 스켑틱》 번역에 참여하고 있다.

이 도서의 국립중앙도서관 출판시도서목록(CIP)은 서지정보유통지원시스템(http://seoji.nl.go.kr)과
국가자료공동목록시스템(http://www.nl.go.kr/kolisnet)에서 이용하실 수 있습니다.
(CIP제어번호 : CIP2019013331)

#플라스틱제로
플라스틱 없는 삶

초판 1쇄 발행 2019년 5월 31일
5쇄 발행 2022년 5월 27일

지은이 윌 맥컬럼
옮긴이 하인해

발행처 북하이브
발행인 이길호
편집인 김경문
책임편집 최아라
편 집 김선희 장정민 신은정
마케팅 유병준 김미성
디자인 윤지은
제 작 김진식 김진현 이난영
재 무 강상원 이석일 이남구 김규리
물 류 심재희

북하이브는 (주)타임교육의 단행본 출판 브랜드입니다.
출판등록 2009년 3월 4일 제322-2009-000050호
주 소 서울특별시 강남구 봉은사로 442 75th AVENUE빌딩 7층
전 화 1588-6066
팩 스 02-395-0251
전자우편 timebooks@t-ime.com

ISBN 978-89-286-4539-8 (03300)